日本学術会議会員の任命拒否

―― 何が問題か

日本学術会議連携会員／
元日本学術会議会員·第一部長
小森田秋夫

花伝社

日本学術会議会員の任命拒否――何が問題か◆目次

はじめに

二〇二〇年一〇月一日、菅義偉首相が、日本学術会議（以下、「学術会議」）が推薦した一〇五名の会員候補者のうち六名の任命を拒否するという事件が起こった。六名は法学・政治学・歴史学・宗教学を専門とする、いずれも人文・社会科学の研究者である。学術会議は、一〇月二日の総会において、任命されない理由の説明と任命されていない候補者の速やかな任命を求める決議を採択した。これに対して菅首相は、国会審議や記者会見をつうじて任命拒否についてさまざまな説明を行なったが、任命手続は終了したとして、任命されていない候補者の任命に応じることを拒んでいる。その結果、法定された二一〇名の定員に六名の欠員が生じる、という状態が続いている。

その一方で、一〇月一六日に梶田隆章学術会議会長と会談した菅首相は、任命拒否問題には触れず、学術会議の今後のあり方について、井上信治科学技術担当大臣を中心に学術会議と協議してゆくことで合意した、と語った。それに先立ち、自民党は一〇月一四日に「政策決定におけるアカデミアの役割に関する検討プロジェクトチーム（ＰＴ）」を発足させている。ＰＴは一二月一五日、「日本学術会議の改革に向けた提言」を菅首相に提出した。首相は、「学術会議について今回の問題で話題になったけど、中身について国民の皆さんもだんだんわかってきたんじゃないか」と述べたという。

これに対して学術会議は、一〇月末以降記者会見を重ね、二項目の要請の実現を求める立場を確認しつつ情報発信に努めるとともに、一二月一六日、「日本学術会議のより良い役割発揮に向けて（中間報告）」を井上大臣に手交した。井上大臣は当初、「年内には一定の道筋をつけたい」と述べていたが、一二月二四日の会談で梶田会長が二〇二一年四月の総会ののちに最終報告を提出するとしたのを受け、これを踏まえて判断する態度を示した。二〇二一年一月二八日、学術会議幹事会は、「政府とも協議を重ねながら検討を進めてきた本会議のより良いあり方について意思決定すべききわめて重要な役割を担った」四月の総会を控えて、これが「法の定めを満たさぬままに開催されることは避けられねばな」らないとして、改めて六名の速やかな任命を強く求める声明を発した。

時事通信が行なった世論調査（二〇二〇年一一月六〜九日）によれば、任命拒否問題での菅首相の説明について六三・四%は十分ではない、一一・三%は十分だ（二五・三%はどちらかとも言えない、わからない）、任命拒否については三六・七%が妥当ではない、二五・三%は妥当だ（三八・〇%はどちらとも言えない、わからない）と答える一方、学術会議のあり方を見なおす政府方針については五四・〇%が賛成、反対は一一・九%（どちらとも言えない、わからないは一一・九%）となっている。

会員の任命拒否という、学術会議の歴史上はじめての事態を前に、問われているのはどのようなことであろうか？　このブックレットでは、任命拒否は正当か、なぜ任命拒否が行なわれたのか、学術会議のあり方を見なおす必要はあるのか、任命拒否と学問の自由とは関係があるのか、という四つの問いについて考えることにしたい。その前提は、学術会議とはどのような組織なのかについての正確な理解である。まずはそこから始める。

このブックレットが、任命拒否を正当だと思う人にとっても、不当だと思う人にとっても、わからないと思う人にとっても、学術会議について考えを深めるうえで役立つことになれば幸いである。

一　日本学術会議とはどのような組織か

1．学術会議の基本的性格

学術会議の初心

日本学術会議（以下「学術会議」）は、一九四八年に制定された日本学術会議法（以下「学術会議法」）にもとづいて翌四九年一月に発足した国の機関である。学術会議法前文は、次のように謳っている。

日本学術会議は、科学が文化国家の基礎であるという確信に立って、科学者の総意の下に、わが国の平和的復興、人類社会の福祉に貢献し、世界の学界と提携して学術の進歩に寄与することを使命とし、ここに設立される。

また、四九年一月の第一回総会は、右のような趣旨を確認する「日本学術会議の発足にあたって科学者としての決意表明」を採択した。

われわれは、ここに人文科学及び自然科学のあらゆる分野にわたる全国の科学者のうちから選ばれた会員をもって組織する日本学術会議の成立を公表することができるのをよろこぶ。そしてこの機会に、われわれは、これまでわが国の科学者がとりきたった態度について強く反省し、今後は、科学が文化国家ないし平和国家の基礎であるという確信の下に、わが国の平和的復興と人類の福祉増進のために貢献せんことを誓うものである。〔中略〕われわれは、日本国憲法の保障する思想と良心の自由、学問の自由及び言論の自由を確保するとともに、科学者の総意の下に、人類の平和のためあまねく世界の学界と提携して学術の進歩に寄与するよう万全の努力を傾注すべきことを期する。

さらに翌五〇年四月には、「戦争を目的とする科学研究には絶対従わない決意の表明」と題する声明を採択した。ヨーロッパでは冷戦構造が姿を現わし、東アジアでは二ヵ月後に朝鮮戦争が勃発するという時期である。

日本学術会議は、一九四九年一月、その創立にあたって、これまで日本の科学者がとりきたった態度について強く反省するとともに科学文化国家、世界平和の礎たらしめようとする固い決意を内外に表明した。

われわれは、文化国家の建設者として、はたまた世界平和の使として、再び戦争の惨禍が到来せざるよう切望するとともに、さきの声明を実現し、科学者としての節操を守るためにも、戦争を目的とする科学の研究には、今後絶対に従わないというわれわれの固い決意を表明する。

これらの文書から、「これまで日本の科学者がとりきたった態度」に対する反省を踏まえた平和への意志、国境を越えた人類の福祉増進への貢献と世界の学界との提携、そして〝有害〟なものとして戦前・戦中に抑圧の対象となった人文・社会科学と〝有益〟なものとして戦争へと動員された自然科学の結集、という学術会議の初心を読み取ることができる。

学術会議の一貫した性格

学術会議法は制定後幾度か改正されているが、以下のような性格は一貫して変わらない。

第一に、学術会議は、科学者の内外に対する代表機関である（学術会議法二条「日本学術会議は、わが国の科学者の内外に対する代表機関として、科学の向上発達を図り、行政、産業及び国民生活に科学を反映浸透させることを目的とする」）。

第二に、人文・社会科学から自然科学まで科学の全分野を包含する組織である。

第三に、科学的助言という職務を独立して行う国の機関である（同法三条「日本学術会議は、独立して左の職務を行う。一　科学に関する重要事項を審議し、その実現を図ること。二　科学に関する研究の連絡を図り、その能率を向上させること」）。

この独立性は、政府との関係においては、政府の諮問権限（同法四条「政府は、左の事項について、日本学術会議に諮問することができる」）と学術会議の勧告権限（同法五条「日本学術会議は、左の事項について、政府に勧告することができる」）という双方向的関係として示されている。法律が諮問の対象としている事項は、①科学に関する研究、試験等の助成、その他科学の振興を図るために政府の支出する交付金、補助金等の予算及びその配分、②政府所管の研究所、試験所及び委託研究費等に関する予算編成の方針、③特に専門科学者の検討を要する重要施策、④その他日本学術会議に諮問することを適当と認める事項であり、勧告の対象としている事項は、①科学の振興及び技術の発達に関する方策、②科学に関する研究成果の活用に関する方策、③科学研究者の養成に関する方策、④科学を行政に反映させる方策、⑤科学を産業及び国民生活に浸透させる方策、⑥その他日本学術会議の目的の遂行に適当な事項である。これらが「科学的助言」の対象ということになるが、この概念については後述する。

以上のような独立性を前提に、学術会議は内閣総理大臣の「所轄」（同法一条二項）のもとに置かれ、その経費は国庫が負担するものとされている（同法一条三項）。

第四に、会員（候補者）は科学者自身が選考する。ただし、選考の具体的な方法は、一九八三年の法改正によって当初の選挙制から学協会推薦制に変わり、さらに二〇〇四年の法改正によって現在の自己選考制（いわゆるコオプテーション制）に変わった。

二〇〇四年の法改正は、このほか、任期制（六年。三年ごとに定数二一〇名の半数ずつ改選）と定年制（七〇歳）を導入し、七部制（文学・哲学・教育学―心理学・社会学・史学／法律学・政治学／経済学・商学―経営学／理学／工学／農学／医学・歯学・薬学）から三部制（人文・社会科学／生命科学／理学・工学）へと再編成し、「連携会員」制度を導入することによって、今日の学術会議の基本的な形を定めている。

ナショナル・アカデミーとしての学術会議

学術会議は、日本における「ナショナル・アカデミー」（国を代表する学術機関）として位置づけられている。

各国のナショナル・アカデミーは歴史も異なり、設置形態も異なるが、機能も多様である。アジア七、欧米一六の計二三か国、合計四三のアカデミーを調査した日本学術会議国際協力常置委員会「各国アカデミー等調査報告書」（二〇〇三年七月）は、栄誉、顕彰、審議、調査、研究、研究調整、科学・研究振興、助成・補助金・奨励金、資金配分、政府への助言、議会への助言、一般国民への助言・情報提供、科学者のコミュニティ、国際対応・協力、普及、科学研究成果の公開・出版、教育・訓練プロジェクトの主催・後援、大学・学術機関の成績評価などの機能をあげ、とくに、栄誉・顕彰機能、助成機能、普及活動、助言機能、国際活動を取り出して検討している。

日本学術会議には栄誉・顕彰機能や助成機能はなく、ロシア科学アカデミーや中国科学院・中国社会科学院のように、傘下に多数の研究所を置いて研究機能をもつアカデミーとも大きく異なる。主要な機能は、助言機能（カウンシル機能）および科学者コミュニティを内外に代表する機能（これをアカデミー機能と言うことがある）である。科学研究費補助金（科研費）の交付など助成機能は、日本学術振興会が担っている。

学術会議の性格を確認するために、関連する二つの機関と対比しておこう。

ひとつは、英語でThe Japan Academyと呼ばれる日本学士院である。日本学士院は、もともとは学術会議に置かれ、その会員も学術会議が選定していたが、一九五六年に日本学士院法が制定され、学術会議から分離独立した。**表1**のように、両者のあいだには共通点もあるものの（**太字**）、日本学士院の中心的機能は、優れた科学者を顕彰するという機能である。

もうひとつは、学術会議と同じく内閣府に置かれている総合科学技術・イノベーション会議（ＣＳＴＩ《システィ》）である。ＣＳＴＩは「内閣の重要政策に関して行政各部の施策の統一を図るために必要となる企画及び立案並びに総合調整に資するため、内閣総理大臣又は内閣官房長官をその長とし、関係大臣及び学識経験を有する者等の合議により処理することが適当な事務をつかさどらせるための機関」

表1　二つのアカデミー

日本学術会議 (Science Council of Japan)	日本学士院 (The Japan Academy)
「科学者の内外に対する代表機関」	「学術上功績顕著な科学者を優遇するための機関」
科学を行政・産業・国民生活に反映・浸透させるための発信（提言等）	授賞・学術的紀要発行・講演会
第１部　人文・社会科学 第２部　生命科学 第３部　理学・工学	第１部　人文科学 第２部　自然科学
独立して職務を行う	
優れた研究又は業績がある科学者	学術上功績顕著な科学者
学術会議が選考（コオプテーション）	学士院が選定（コオプテーション）
任期６年／定年70歳	終身
210名	150名
非常勤の特別職国家公務員	非常勤の特別職国家公務員
手当（日当）と旅費	年金
予算　10.5億円（2020年度）	予算　6.2億円（2020年度）
内閣府の特別の機関	文部科学省に設置

（「重要政策に関する会議」。内閣府設置法一八条）として、経済財政諮問会議と並んで設置されたものである。内閣総理大臣が議長を務め、半数は内閣官房長官、科学技術政策担当、総務、財務、文科、経産の各大臣、残りの半数は民間の有識者議員七名（うち一名が常勤）と関係機関の長として学術会議会長が加わるという構成となっている。学術会議が「別に法律の定めるところにより内閣府に置かれる特別の機関」（内閣府設置法四〇条三項）として独立した立場から科学的助言を行なうボトムアップの組織であるのに対して、ＣＳＴＩは内閣総理大臣が直轄し、科学技術政策・予算の決定に直結したトップダウンの組織であり、性格が大きく異なる。

以下、２で学術会議の組織、３で科学者コミュニティの代表としての学術会議ということの意味と会員の選考手続、４で科学的助言について考察し、学術会議の独立性の意味について確認する。そのうえで、５と６では科学的助言の具体的姿である提言類をつうじて、政府との関係について考える。

2. 組織——総合的・俯瞰的活動を支える

会員・連携会員・協力学術研究団体

学術会議では、二一〇名の会員（任期六年、再任不可。定年七〇歳）のほか、約二〇〇〇名の連携会員（任期六年、二回を限度に再任可。ただし、任命の時点で七〇歳以上であるときは当該任期限り）が広義の会員として活動している。連携会員は、機能別および分野別委員会の委員長になることはできないという制限があるほかは、委員会・分科会等の委員として、会員と連携し一体となって活動を行なうことになっている。

さらに、二〇〇〇を超える学協会（学会や協会）が「協力学術研究団体」として登録されており、広報刊行物、ニュース・メール等の配布・配信、適当と認められる会議の共同開催または後援の形で学術会議と協力関係を結んでいる。

部と委員会・分科会

会員は、第一部（人文・社会科学）、第二部（生命科学）、第三部（理学・工学）のいずれかに所属する。基本的には各部七〇名ずつである。

各部には一〇ずつ、合計三〇の分野別委員会が設けられている。第一部は、言語・文学、哲学、心理学・教育学、社会学、史学、地域研究、法学、政治学、経済学、経営学、第二部は、基礎生物学、統合生物学、農学、食料科学、基礎医学、臨床医学、健康・生活科学、歯学、薬学、環境学、第三部は数理科学、物理学、地球惑星科学、情報学、化学、総合工学、機械工学、電気電子工学、土木工学・建築学、材料工学である。

また、部を横断する機能別委員会として、選考委員会のほか、三つの常置委員会――科学者委員会、科学と社会委員会、国際委員会――が設けられている。これらは、学術会議の活動が科学者自身、社会、国際関係という三つの方向に広がっていることを示している（三名の副会長がそれぞれの分野を担当）。

学術会議は、国際学術会議（International Science Council, ISC）、インターアカデミー・パートナーシップ（InterAcademy Partnership, IAP）をはじめ四四の主要な国際学術団体に日本の代表機関として加入している。ＩＳＣは、国際科学会議（ＩＣＳＵ）と国際社会科学評議会（ＩＳＳＣ）が二〇一八年に合併して設立された国際学術機関で、各国科学者を代表する組織（一四〇以上の国・地域のアカデミー）および学術分野・領域ごとの科学・学術連合（四〇ユニオン）によって構成されている。また、アジア地域の各国と学術研究分野での連携・協力を図ること等を目的に日本学術会議の発意によって二〇〇〇年に設立されたアジア学術会議（一八か国・地域の三二機関によって構成）の事務局を務めている。二〇一八年には、第一八回アジア学術会議が日本学術会議（東京）で開催された。一一月一七日、ＩＳＣのダヤ・レディー会長は、「日本学術会議の総会への六人の学者の任命を承認しないとの日本の内閣総理大臣の決定に関する懸念」を表明するメッセージを寄せ、「二一世紀の世界が直面する最も緊急の問題のいくつかに対して、最先端の科学を推進することによって効果的かつ公平な解決策を確保しようというビジョンを共有し、自由で責任ある学術の実践こそが学術の進歩並びに人間の福利及び環境の健全性にとって不可欠であるという価値観を共有する私たちは、日本における最高の独立した学術機関の推薦が菅内閣総理大臣に認められなかったことを懸念しております。最も重要なことは、学術に関わる諸決定（学術活動の優先順位や範囲に関するものを含む。）は、国際的な学術コミュニティで受け入れられている学術の誠実さに求められる条件（scientific integrity constraints）にしたがって行われるものであり、それが、政治的な統制や圧力の対象となってはならないということです」と述べている。学術会議が代表する日本の科学者コミュニティが、国境を越えた世界の科学者コミュニティの一部であることを示すものである。

機能別委員会と同じく部を横断する課題別委員会は、その時どきの課題に対応するために、基本的に期（会員の半数改選が行なわれる三年を一期と数える）ごとに設置される。

このように、各学問分野を反映する分野別委員会を基礎に、部を横断した機能別委員会と課題別委員会によって分野を超えた総合知にもとづく活動を保障し、さらに課題別委員会や各委員会のもとに設けられる分科会によって、その時どきの課題に対応することを可能にする組織体制がとられている（第二四期には約三〇〇の分科会が設けられている）。任命拒否をめぐって菅首相らが多用した「総合的、俯瞰的な活動」という言葉は、本来、このような組織体制によって担保される活動全体を意味するものである。もちろん、学問の発展にともなう細分化の傾向を反映する個別の学協会によっては代替することのできない学術会議らしい総合性・俯瞰性を実際に実現できているかどうか、将来を展望して問題を先取りし、また生じた問題に時宜に遅れることなく取り組めているかどうかは、たえず検証されてよい。この点で、会長（春と秋の年二回開催される総会が選出）と三名の副会長、各部の正副部長と二名の幹事、合計一六名によって構成される幹事会（毎月開催）の役割は大きい。

若手アカデミー

二〇一四年、「若手科学者の連携を図り、その活動を通じて学術の振興に寄与すること」を目的に、若手アカデミーが設立された（学術会議会則三四条）。四五歳未満の会員・連携会員によって構成され（二〇二一年一月現在、四二名の連携会員）、①若手科学者の視点を活かした提言、②若手科学者ネットワークの運営、③若手科学者の意見収集と問題提起、④若手科学者の国際交流、⑤産業界、行政、NPO等との連携、⑥科学教育の推進、⑦その他若手アカデミーの目的の達成に必要な事業、を自律的に行なっている。最近の注目される活動としては、若手アカデミーが作成し学術会議として発出した提言「シチズンサイエンスを推進する社会システムの構築を目指して」(二〇二〇年九月)がある。

以上のような組織構成のもとで、会員は多くの場合、複数の委員会・分科会に所属して活動している。第一部会員の一割近くにのぼる六名の任命拒否の否定的な影響は、第一部にとどまらず、学術会議全体に及ぶのである。

3．会員の選考――コオプテーションによる代表性の確保

「科学者コミュニティ」とは何か？

学術会議は、「わが国の科学者の内外に対する代表機関」である。「日本学術会議憲章」（二〇〇八年四月）一項は「日本の科学者コミュニティを代表する機関」と自己規定している。

日本には約九〇万人の科学者がいる。それぞれの科学者は、さまざまな専門分野をもち、大学、国立研究機関、企業などさまざまな組織に所属している。職階や性別も多様である。これらの指標を用いて、科学者コミュニティの姿を統計的に描きだすことができる。個々の科学者は、所属機関において職業として研究に従事すると同時に、所属機関を超えて専門分野ごとの学協会のメンバーとしても活動している。科学は普遍的な性格をもち、科学者としての活動は、国際的なつながりの中で行なわれている。個々の科学者やさまざまな角度からとらえられた科学者集団は、科学者としてのそれぞれの経験、関心、利害をもつ。これが現実に存在する科学者コミュニティである。

一方、学術会議が定めた「科学者の行動規範」（二〇〇六年。二〇一三年改訂）の前文は、「科学者」について次のように述べている。

〔前略〕科学と科学研究は社会と共に、そして社会のためにある。したがって、科学の自由と科学者の主体的な判断に基づく研究活動は、社会からの信頼と負託を前提として、初めて社会的認知を得る。ここでいう「科学者」とは、所属する機関に関わらず、人文・社会科学から自然科学までを包含するすべての学術分野において、新たな知識を生み出す活動、あるいは科学的な知識の利活用

> に従事する研究者、専門職業者を意味する。
> 　このような知的活動を担う科学者は、学問の自由の下に、特定の権威や組織の利害から独立して自らの専門的な判断により真理を探究するという権利を享受すると共に、専門家として社会の負託に応える重大な責務を有する。特に、科学活動とその成果が広大で深遠な影響を人類に与える現代において、社会は科学者が常に倫理的な判断と行動を為すことを求めている。また、政策や世論の形成過程で科学が果たすべき役割に対する社会的要請も存在する。〔中略〕
> 　これらの基本的認識の下に、日本学術会議は、科学者個人の自律性に依拠する、すべての学術分野に共通する必要最小限の行動規範を以下のとおり示す。これらの行動規範の遵守は、科学的知識の質を保証するため、そして科学者個人及び科学者コミュニティが社会から信頼と尊敬を得るために不可欠である。

　ここで示されているのは、規範的な科学者像である。このような科学者によって構成された科学者コミュニティも、規範的な概念として現われる（広渡・二〇二一b）。現実の科学者コミュニティと規範的にとらえられた科学者コミュニティとは同じものではない。学術会議が科学者コミュニティを代表するとは、両者を架橋し、規範的な科学者像を指針としつつ活動を行なうこと、それをつうじて現実の科学者コミュニティを規範的な科学者コミュニティに近づけてゆくことを意味する、と考えることができる。「科学者の行動規範」の提示はまさにそのような活動のひとつであり、この文書は大学等の研究機関が行動規範や倫理綱領を定めるさいにもしばしば参照されている。会員の選考とは、このような活動をそれぞれの研究活動とは別の公共的な仕事として引き受ける科学者を選び出す、ということにほかならない。

井上大臣は、会員定数が人文・社会科学、生命科学、理学・工学で同じ七〇名となっている点を疑問視し、日本では理系の研究者が多く、自民党のＰＴも「非常に偏った組織」と指摘している点を踏まえ再検討するよう求めた、という（朝日、二〇二〇・一二・二五）。しかし、学術会議は科学者コミュニティの利益代表機関ではなく、数の論理によって決定を行なう機関でもない。したがって、現実の科学者コミュニティの構成を踏まえながらも、それを算術的・比例的に反映することが求められるわけでは必ずしもないことに注意する必要がある。このような事情は、会員選考方法の変遷にも現われている。

選考方法はどのように変わってきたか？

当初、学術会議は、「選挙された」二一〇人の会員によって組織されていた。一定の経歴要件を備え、「科学又は技術の研究者であつて、研究論文若しくは業績報告又はこれに代るべき所属の学会若しくは研究機関の責任者の証明により、研究者であることが証明される者」が選挙権・被選挙権をもつ者として登録され、七つの部に三〇ずつの定員が配分された。各部の定員はさらに全国区と地方区とに配分され、全国区は専門別定員と専門にかかわらない定員とに区分されていた。学術会議は現在と同様に内閣総理大臣の所轄であったが、選挙制なので任命という手続は存在しなかった。

一九八三年の法改正によって、選挙制は学協会推薦制に変わった。この改正に先立って学術会議がまとめた「日本学術会議改革要綱」（一九八二年一〇月）は、公選制を原則としつつもコオプテーション制を加味した会員選出方法を提案していた。そのさい、公選制の問題点として「科学者の数が少なくとも重要な分野があるにも関わらず少数者の意見が反映されないこと、重要な複合領域・学際領域の代表を選挙制度だけで保障するのは困難であること、重要な学術団体の役員等で選挙制度によってカバーしえない科学者に会員になってもらう必要がある者に道をあけることが望ましいこと、選挙制度は立候補を前提とするが会員であるのにふさわしい人がすべて立候補するとは限らないこと」などが指摘されている。

学協会推薦制においては、科学者によって構成され一定の要件を満たす約一二〇〇の学協会が、関連する研究領域の「研究連絡委員会」（複合的学術領域にかかわるものをふくめ合計一八〇）に「登録学術研究団体」として登録された。そして、登録学術研究団体が指名した「推薦人」が、同じく登録学術研究団体が「五年以上の研究歴を有し、その専門とする科学又は技術の分野において五年以上の研究歴を有し、当該分野における優れた研究又は業績がある科学者」の中から選定した会員候補者の中から会員として推薦すべき者を決定、「日本学術会議を経由して」これを内閣総理大臣に推薦し、内閣総理大臣はこの「推薦に基づいて」会員を任命する、という仕組みであった。内閣総理大臣の任命という手続が導入されたのは、このときである。

このような学協会推薦制について、「日本学術会議の自己改革案について」（一九九九年一〇月）は、「登録学術研究団体（学協会）を基盤とする利点がいくつかある」としつつも、「学協会における会員候補者の選出過程が見えにくく、また日本学術会議と学協会との情報交換が十分でないことから、会員選出にかかわらない科学者一般の日本学術会議に対する関心が低下してきている」と指摘した。現行法のもとで実行可能な改革の具体策を提示することをめざしたこの自己改革案は、選考の法的手続には踏み込んでいないが、「個々の学術領域を超えた俯瞰的な視点」で活動を行なう必要性を繰り返し力説し、「日本学術会議の会員は、個別の専門領域を基盤として選出されるが、日本の学術全体の発展に寄与する役割を果たすことが求められる」としている。二〇〇四年の法改正に方向づけを与えた総合科学技術会議「日本学術会議の在り方について」（二〇〇三年二月）はこれを一歩進め、「総合的、俯瞰的な観点から活動する」ことが求められていることから、日本学術会議は「科学者コミュニティの総体を代表し、個別学協会の利害から自立した科学者の組織」とならなければならないとし、「現会員による選出（いわゆるco-optation）を基本」とする会員の選出方法を提案したのである。

コオプテーション方式

現行制度のもとでは、会員は任期六年で、三年ごとに定数二一〇名の半数が改選される（三年を一期と数える。任期六年なので、二期務めることになる。任命拒否が行なわれたのは二〇二〇年一〇月に始まる第二五～二六期の会員）。学術会議は「優れた研究又は業績がある科学者」のうちから会員の候補者を選考して、内閣府令で定めるところにより内閣総理大臣に推薦し（学術会議法一七条）、内閣総理大臣はこの「推薦に基づいて」会員を任命する（同法七条二項）。日本学術会議会員候補者の内閣総理大臣への推薦手続を定める内閣府令（二〇〇五年九月）は、「日本学術会議会員候補者の内閣総理大臣への推薦は、任命を要する期日の三十日前までに、当該候補者の氏名及び当該候補者が補欠の会員候補者である場合にはその任期を記載した書類を提出することにより行うものとする」とのみ定めている。推薦にあたって法令が提出を求めているのは氏名のみであり、所属等の属性や推薦理由など任命権者が実質的に判断する根拠となるような資料は求められていないことに注意しよう。実質的に判断することは想定されていないのである。学協会推薦制では、登録学術研究団体によって指名された推薦人が学術会議を「経由して」内閣総理大臣に会員候補者を推薦していたのに対して、現在は学術会議自身が推薦している。それが、コオプテーション（自己推薦）の意味である。

選考手続は、会員・連携会員による推薦と協力学術研究団体による情報提供にもとづく会員候補者のリストアップから始まる。各会員・連携会員は二名ずつの科学者を推薦することができ、第二五～二六期の場合、約一三〇〇名の候補者が挙げられた。また、各協力学術研究団体は六名以内について情報提供を行なうことができ、同じく約一〇〇〇名の情報が集められた（二〇二〇年一〇月二九日の記者会見）。推薦書には、推薦理由、候補者の学歴・学位・職歴、専門分野、国内外の所属学会、主要な学術論文・著書・特許等の学術的業績、主要な受賞歴などを記載することになっている。これらの候補者の中から、三つの部ごとの選考分科会、次いで全体の選考委員会による絞り込みが行なわれる。そのさい、分野横断的分野や新しい学問分野を考慮にいれることを目的として、一定の「選考委員会枠」が設けられている。選考委員会による選考結果を踏まえて幹事会が候補者を決定し、総会が承認したのち、内閣総理大臣に推薦される。連携会員も、ほぼ同様の考え方で候補者が選考され、幹事会の決定にもとづいて会長が任命する。

会員構成

基本的な選考基準は、「優れた研究又は業績がある科学者」であることであるが、そのうえで、運用により、副次的な事項としてジェンダー、地域、年齢などのバランスにも考慮が払われている。

女性会員は、第一七期（一九九七～二〇〇〇年）には一・〇%にすぎなかったが、コオプテーション制が始まった第二〇期（二〇〇五～二〇〇八年）に二〇・〇%へと急増し、第二五期は三七・七%となっている。女性会員が増えることによって、科学者自身と社会全体におけるジェンダーにかかわる問題がより多く取り上げられるようになっているのをはじめ、学術会議に実際に変化がもたらされている。地域別では、第一七期から第二五期にかけて、関東は六八・一%から五一・〇%へと減少し、近畿は一八・一%から二四・〇%へ、それ以外は一三・八%から二五・〇%へと増加している。第二五期の会員の年齢構成は、六〇～七〇歳が六〇%、五〇～五九歳が三七%、四〇～四九歳が三%である。このように、会員構成のバランスを変化させることができるのが、コオプテーション方式のメリットのひとつであるといえる。産業界出身者は三・四％である（一〇月二九日、一一月一二日の記者会見資料）。産業界出身者が少ないといわれることがあるが、「優れた研究又は業績」という選考基準は共通であり、想定されているのは企業の研究所等に所属している科学者である。会員としての活動において所属する組織の利害からの独立が求められる点は、大学や国立研究機関に属する会員と変わらない。

学術会議は、「会員中に若手が少ない」との指摘に対して、「科学者には科学者としてのライフ・サイクルがあり、若い世代は、個別テーマについて深く徹底した研究に従事するのが通例であり、望ましい姿です。この世代が研究に専念し、多くの成果を出すことは科学の豊かさを生みだす原動力です。他方、年長の科学者は、引き続きそうした個別研究に従事しながら、同時により広い視野から研究の捉え直しを行って若手科学者の研究を導き、さらに研究教育に関わる管理運営業務の責任も担います」、「学術会議の活動は、学術の発展と社会への貢献にとって重要ですが、費やす時間と労力は並大抵ではありません。若い世代の科学者の研究時間が削られるならば、日本と世界の学術の発展にとっての障碍となり、ひいては社会的損失にもなりかねません」とし、理解を求めている。また、「会員が特定大学に偏っている」との指摘に対しては、「莫大な数の大学の機能は多様です。世界トップレベルの研究を先導するものから、地域社会の教育ニーズに応える使命を負うものもあります。明治以来の古い歴史を有するものもあれば、最近の教育ニーズに応える新設校もあります。教員数も大学ごとに大きな幅があります。そうした性格や規模の違いは、博士学位取得者の出身大学、科学研究費助成事業の配分件数・配分額など様々の指標で測ることができます。すべての大学が均質である場合には特定大学への偏りを問題視することもありえますが、性格や規模を異にする大学が並存する以上、測定する指標によって結果に偏りが出てくるのは自然とも言えます。／日本学術会議法第一七条は『優れた研究又は業績がある科学者』であることを唯一の要件にして会員推薦を求めています。実際の会員選考がこの基準に沿って行われる以上、いわゆる研究大学に所属する会員比率が高くなるのは、当然なのではないでしょうか」と述べている（一一月一二日の記者会見資料）。

会員の多様性という点では、外国人が問題になる。現行制度の起点となった総合科学技術会議「日本学術会議の在り方について」（二〇〇三年）は、「一定数以上の外国人研究者を『連携会員』とする」という提案を含んでいた。しかし、会員も連携会員も国家公務員であり、国家公務員の国籍要件についての現在の考え方のもとでは、外国人を連携会員にすることはできない。そこで、二〇一六年に「日本学術会議外国人アドバイザー」という制度が作られている。これは、日本の大学等で働いている外国籍の科学者（国籍要件がなければ会員・連携会員となってもおかしくないような「優れた研究又は業績を有する」外国人）を、「日本学術会議アドバイザー」というもともとあった制度を拡張して、実質的には委員会・分科会の委員などとして活躍してもらおうという趣旨をもふくむものである。当面、この制度を積極的に活用することが考えられてよいであろう（念のためにいえば、外国人を加えるために会員・連携会員を国家公務員ではなくする、つまり学術会議を「国の機関」ではなくするという議論があるとすれば、本末転倒である。なぜ外国人は権力的決定を行なう権限をもつわけではない学術会議の会員・連携会員になることはできないのかを正面から議論することが本筋であり、現に、日本学術会議の新たな展望を考える有識者会議「日本学術会議の今後の展望について」（二〇一五年）では、そのような方向での議論もなされている。「日本学術会議の在り方について」、「日本学術会議の今後の展望について」という二つの文書については、後述する）。

「既得権」はあるのか？

会員や連携会員としての活動は、それぞれの分野での研究活動とは別の、研究時間を削って行なう公共的利益のための活動である。選ばれれば会員としての任務をはたすよう努めるが、自ら積極的に会員としての地位を得ようとするというような性格のものではない。かつて一部に存在した「名誉職」というイメージが「名誉はあるが実質的な仕事はない肩書」のようなものを意味するとすれば、実態とはかけ離れている。事務局による事務的サポートを別とすれば、すべての活動は会員・連携会員自身が行なう。支給されるのは手当（日当）と旅費のみである。調査費などは計上されていないため、会員・連携会員自身がもつ資源を学術会議における活動のために投入せざるをえない。ことあるごとに引きあいに出される「一〇・五億円」（二〇二〇年度）という予算のうち五・五億円は人件費をはじめとする事務局経費であり、会員・連携会員の手当・日当などに充てられているのは三・二億円にすぎない（一〇月二九日の記者会見資料）。予算は恒常的に不足しており、支給の辞退や会議の縮減によって対応しているのが現実である。〇四年改正によって会員に任期制と定年制が導入され、六年かぎり、七〇歳までとなっているから、人的構成が固定したり過度に高齢化したりするということはなく、絶えず交替している。むしろ、「組織の記憶」をいかに確保するかは学術会議自身にとっての重要な課題となっている。組織としての連続性を確保するために三年ごとに半数改選という方法がとられているのは、そのためである。

　会員になることについても、会員であることについても、「既得権」とは無縁である。研究資金の配分に影響力があるかのように見るのも誤解である。学術会議は、〇四年改正以前は科学研究費補助金（科研費）の審査委員の推薦を行なっていたが、現在ではこの制度は廃止されている。菅首相は、「会員の推薦がなければ会員になれない」ことを問題視し、会員の推薦を「会員とのつながり」と理解していることを示す発言を繰り返している（一一月二日、衆議院予算委員会など）。しかし、推薦とは、上記のように「優れた研究又は業績」を示す客観的なデータを示して行なわれるのであり、最終的な候補者は何重もの絞り込みを経て決定される。特定の会員が、個人的な「つながり」をもった科学者を会員にする力をもつ、ということはありえない。会員には連携会員を経ている者が多いのも、連携会員が会員とともに学術会議の活動を実際に担っている経験者であることから見て、自然なことである。

4．科学的助言と独立性

述べている。

科学的助言とは何か？

「科学的助言」について、「科学者の行動規範」は「社会の中の科学」という項目において次のように

（社会との対話）
11　科学者は、社会と科学者コミュニティとのより良い相互理解のために、市民との対話と交流に積極的に参加する。また、社会の様々な課題の解決と福祉の実現を図るために、政策立案・決定者に対して政策形成に有効な科学的助言の提供に努める。その際、科学者の合意に基づく助言を目指し、意見の相違が存在するときはこれを解り易く説明する。

ここに見られるように、科学的助言の名宛人は第一次的には政策立案・決定者、とりわけ政府であるが、実際にはより広く、社会全体である。「日本学術会議憲章」によれば、学術会議は、「科学に基礎づけられた情報と見識ある勧告および見解を、慎重な審議過程を経て対外的に発信して、公共政策と社会制度の在り方に関する社会の選択に寄与する」（第三項）、とされている。

「社会の中の科学」――ふたつの転機

「社会の中の科学」という概念は、一九九九年にユネスコと国際科学会議（ＩＣＳＵ）との共催により

開催された世界科学会議が発した「科学と科学的知識の利用に関する世界宣言」、いわゆるブダペスト宣言に由来する。ブダペスト宣言は、科学の発展がもたらした負の側面に対する反省や、地球環境問題のように分野を超えた科学の総力を挙げて取り組むべき問題の出現などを背景として、科学のあり方について「知識のための科学」、「平和のための科学」、「開発のための科学」、「社会の中の科学、社会のための科学」という四つのコンセプトを提起した。この宣言は、何らかの目的のためというのでなく、知的好奇心に導かれて行なう真理追究の営みとしての「知識のための科学（science for knowledge）」というコンセプトに対して、科学が社会の中で行なわれていることを自覚し、科学を社会にどのように役立てるかについて責任をもって応えることを科学者に求めた「社会のための科学（science for society）」を前面に打ち出した点で注目されるものであった。したがって、歴史的文脈としては「知識のための科学」から「社会のための科学」へという流れを強調するものであったことは間違いない。「社会のための科学」には多くの言葉が費やされているのに対して、「知識のための科学」については簡単に語られているにとどまっていることが、それを物語っている。ただ、「社会のための科学」もその土台には「科学（知識）のための科学」があることを忘れてはならないであろう。学術会議が編集協力している『学術の動向』誌がブダペスト宣言の二〇周年を特集したとき、三名の元会長の座談会と若手アカデミー会員たちの座談会が行なわれている。前者では「社会のための科学」が異口同音に強調されているのに対して、後者では「役に立つ科学」という側面が行き過ぎ、その影響が研究の場にも現われている、「……のための科学」は重要だが、「強調されすぎると科学自体を歪めるだけでなく結局は『社会の役』にも立ちにくくなる弊害がある」といった発言もなされており、興味深い（学術の動向・二〇一九）。

「社会の中の科学」という考え方を深めるうえでもうひとつの転機となったのは、3・11である。二〇一一年三月一一日の東日本大震災とそれにともなう福島第一原発事故に直面して、当時の第二一期学術会議は、東日本大震災対策委員会を設置し、八月はじめまでに七次にわたる緊急提言を行なったのをはじめ、分野別委員会の分科会とともにさまざまな提言を公表した。第二一期を締めくくる幹事会声明「東日本大震災と日本学術会議の責務」（二〇一一年九月）は、「東日本大震災からの復興のための取組みをいっそう前進させるにあたって、日本学術会議はこの半年の活動を振り返り、一つには政府との関係について、もう一つは広く市民との関係について、その新たな構築が必要であると考えます」と述べ、政府との関係について次のように指摘している。

未曾有の複合災害の中で必要とされたのは、科学者の英知を結集して政府への的確な助言・提言を行うことであありました。このことをあらためて考えなければなりません。個々の科学者が専門的知見をばらばらに述べるだけでは、社会に対しても政府に対しても科学者の社会的責任を果たしえる適切な助言となりえません。それゆえ科学者コミュニティーは、特定の理論や見解に依拠するような偏ったものではなく、多くの専門知に基礎づけられる俯瞰的、中立的な検討を通じて統合的な知を形成し、それに基づいて社会と政府に助言・提言を行うことを求められます。他方、政府は、科学者コミュニティーが自立的に活動することを保障し、科学者に対して問題に関する情報を広く開示し、科学者コミュニティーの助言・提言を政策的判断の基礎として考慮することが求められます。いうまでもなく、科学者コミュニティーの助言・提言はあくまで政策決定者への助言であり、政策決定が依拠しうる根拠の一つを提示するものにとどまります。日本学術会議は、国民に対する責務として、政府に対して科学者コミュニティーからの有効にして適切な助言・提言を一つの声として（複数の選択肢の提示も含めて）まとめあげることを課題としています。今回の緊急事態のなかで、われわれはどこまでこの責務を追求しえたかを自省しなければなりません。日本学術会議は、自らの職務を独立に行うという原則の下、科学者コミュニティーから統合的な知を形成するための方法と原則をより深く検討し、政府との信頼関係の構築に努め、国民の困難を解決するべく政府への助言・提言活動を前進させる決意です。政府に対しても、日本学術会議のこのような役割を考慮のうえ、科学的助言についての位置づけを検討することを要請します。

この言明は、二〇一三年に大幅に改訂された「科学者の行動規範」の次のような内容に反映している。

（科学的助言）

12　科学者は、公共の福祉に資することを目的として研究活動を行い、客観的で科学的な根拠に基づく公正な助言を行う。その際、科学者の発言が世論及び政策形成に対して与える影響の重大さと責任を自覚し、権威を濫用しない。また、科学的助言の質の確保に最大限努め、同時に科学的知見に係る不確実性及び見解の多様性について明確に説明する。

（政策立案・決定者に対する科学的助言）

13　科学者は、政策立案・決定者に対して科学的助言を行う際には、科学的知見が政策形成の過程において十分に尊重されるべきものであるが、政策決定の唯一の判断根拠ではないことを認識する。科学者コミュニティの助言とは異なる政策決定が為された場合、必要に応じて政策立案・決定者に社会への説明を要請する。

一方、社会との関係について、幹事会声明は次のように述べている。

この半年の活動の中で、社会と政府への助言・提言活動とならんで、その必要性が強く感得されたのは、市民に対する説明の活動です。とくに放射性物質の被害からの防護の問題は、広範囲の地域に渡り、かつ、大気、水、土壌、農作物、水産物、家畜、野生動植物、森林等のあらゆるものへの広がりにおいて、市民の生活と健康に大きな不安を引き起こしました。〔中略〕ここにおける日本学術会議の活動は、社会に対する助言・提言の趣旨とあわせて日本学術会議が任務の一つとする科学リテラシーの普及という性格をより強く示すものでした。

市民への説明の活動において明らかになったのは、科学者が明確な科学的知識を市民に伝達することだけではその役割が果たせないということです。市民の感じる問題、抱える不安、解決への展望を知る要求に対して、学術の側が常に明確な回答を持ちえているわけではありません。現代社会において、科学にとって問われるが答えられない問題の存在は、すでに多く指摘されているところです。社会のための科学（science for society）のコンセプトは、科学者が証明された知を社会に提供することでよしとするのではなく、社会のなかで科学者ができるかぎりの科学的知識を提供しながら、市民と問題を共有し、そのコミュニケーションの中で解決を共に模索するというあり方を要求するものであると考えます。日本学術会議は、このような視点から今後いっそう創意的な取組を進める覚悟です。

原子力発電や放射線の安全性のような「科学にとって問われるが答えられない問題の存在」、いわゆる「トランス・サイエンス」的問題については、学術会議第一部の福島原発災害後の科学と社会のあり方を問う分科会の提言「科学と社会のよりよい関係に向けて――福島原発災害後の信頼喪失を踏まえて」（二〇一四年九月）がとりあげている。この文書は、「科学は『客観的真理』を提供し、社会の側がそれに基づいて何らかの政治的な対応、意思決定を行うという『科学』と『社会』の分業的な関係はつねに成り立つわけではない。むしろ両者の間の線引きが困難な問題が増加している」、「科学は倫理的、法的、社会的な問題をはらんでおり、両者にまたがるような問題には何らかの公共的討議に基づく意思決定が必要で、科学者等の専門家だけでは決められない。このことが近年、広く認識されてきた」とし、「科学が深く関わる公共的な政策課題について、日本学術会議は政府に対する発信にとどまらず、科学と市民社会との開かれたコミュニケーションを深めるために、多様な分野と多様な立場の専門家が関わり、また有識者や市民等が加わる開かれた討議の場を積極的に設けるべきである」と提言している（島薗他・二〇一六）。

科学と社会との関係のこのようなとらえなおしは、「科学者と市民の関係を科学的助言の出し手と受け手として位置づけるのではなく、ともに科学する、という新しい関係」を探索する、という問題提起につながる。それは、「社会のなかで解決を求められる問題について、科学者の取組みに市民自身が、当事者市民として、あるいは市民科学者として、参加する、そして市民自身が科学者とともに、科学的助言を形成するという関係」である。「ここにおける科学者の社会的責任は、市民が自ら科学することを助け、市民とともに科学研究を行うこと（市民社会の科学リテラシーの向上、市民社会の科学化＝科学研究への市民参加）に広がるのではないか」、という（広渡・二〇二一ａ）。すでに触れた若手アカデミーの提言「シチズンサイエンスを推進する社会システムの構築を目指して」（二〇二〇年九月）は、シチズンサイエンスすなわち「職業科学者ではない一般の市民によって行われる科学的活動」を発展させるために必要な課題について提言したものである（提言で触れられている「シチズンサイエンス」と「市民科学」の概念の異同については、佐倉・二〇二〇も論じている）。

「政策のための科学」

「科学のための科学」と「社会のための科学」という対概念と関連して、科学的助言という文脈において打ちだされてくる対概念として、「科学のための政策（policy for science）」と「政策のための科学（science for policy）」がある。「科学のための政策」とは、科学をどのように発展させるかということについての政策を意味する。これに対して、「政策のための科学」は、文字どおり、科学を政策の実現にどのように役立てるかを問うものである。ブダペスト宣言当時の学術会議会長であり、その後世界科学会議会長に就任した吉川弘之は、総合科学技術会議が「科学のための政策」を担当する（具体的には、例えば「科学技術基本計画」策定の中心となる）のに対して、学術会議は「政策のための科学」を担当するという役割分担の関係にあることを説いている（二〇一四年四月、学術会議総会）。吉川元会長のこのような見解は、〇四年の法改正を受けて、総合科学技術会議との関係で学術会議の位置づけ・役割を明確にするという動機とともに、かつては自らの学問分野の重要性を主張する「陳情型」の発言が多かった学術会議自身が、「政策のための科学」を担う方向に脱皮することが必要であるという強い問題意識に導かれていた。学術会議法は、政府に対する勧告の対象として、科学に関する研究成果の活用に関する方策（「政策のための科学」）などとともに、科学の振興及び技術の発達に関する方策、科学研究者の養成に関する方策（つまり「科学のための政策」）をあげており、実際、これらにかかわる勧告を数多く出していた。後述するように、「政策のための科学」というコンセプトは、自民党ＰＴの提言においても強く打ち出されているものであるが、以上のように、学術会議自身が推進してきたものでもあることに留意する必要がある。

そのさい注意すべきなのは、総合科学技術会議が「総合科学技術・イノベーション会議」（ＣＳＴＩ）と名称を変え（二〇〇一年）、政策目的志向、「出口」志向の科学技術政策に傾斜するなかで、学術会議が、直接には政策に結びつかない科学（「科学のための科学」）の振興をふくむ「科学のための政策」についても発言することが重要になっており、実際、発言を行なっているということである（各期の科学技術基本計画に向けた提言など）。これまで学術会議は、おおむね十年ごとに、組織の力を結集して作成した包括的な文書を公表している。「日本の計画 Japan Perspective ――学術により駆動される情報循環型社会へ」（二〇〇二年）、「日本の展望――学術からの提言」（二〇一〇年）、「未来からの問い――日本学術会議　一〇〇年を構想する」（二〇二〇年）がそれである。これらは、おのずから「政策のための科学」と「科学のための政策」とにまたがる内容となっている。語り口においても社会との対話を意識した「未来からの問い」は、「これから十年後、三十年後の世界を予想した上で、現在できる課題を導き出して学術による解決策を探る試み」として、①多様性と包摂性のある社会、②持続発展的な社会と多様性、③文化と持続可能な発展、④医療の未来社会、⑤知識社会と情報、⑥国土の利用と資源管理、⑦エネルギー・環境の統合的問題をとりあげたうえで、⑧日本の学術が、世界の学術に果たす役割、⑨日本の学術の展望、について論じている。

もうひとつ重要なのは、「政策のための科学」とは、政府の政策をふくめ所与の政策を無批判に前提とするものではなく、政策そのものを批判的に問いなおすこともふくまれる、ということである。科学的助言には「中立性」が求められる、と言われることがある。科学的助言の「中立性」について語るとすれば、それは、科学者が政府の立場や所属する組織の利害から独立して科学の立場から判断するということであって、結果として政府の方針・政策を批判することと矛盾するものではない。その意味では、政府や政党に対する中立性と理解された「政治的中立性」とは異なるということに留意する必要がある。重要なのは、あくまで独立性である。

科学的助言には、法的な拘束力はない。それを支えるのは、開かれた慎重な審議にもとづく学術的知見がもつ「論拠の力」（科学的な説得力）である。他方、名宛人の側には、科学的助言者に敬意を払い、その科学的助言に耳を傾ける姿勢が求められる。とくに、政策立案・決定者（政府）には、科学者の助言を無視・軽視することも、決定の責任を科学者に負わせることもなく、自らの政治的責任においてその採否を決定し、科学者コミュニティの助言とは異なる政策決定が為された場合には、必要に応じて社会への説明が要請される（「科学者の行動規範」）。こうして、科学的助言をめぐる科学者と政府（政治）との関係は、緊張を孕んだ協力の関係としてとらえられる。

学術会議の独立性

以上、学術会議の独立性とは次の三つのことを意味する、と総括することができる。第一に、（政府からの諮問や審議依頼もあるとはいえ）基本的には審議・発信すべき事柄を自ら設定する、ということである。第二に、政府のものをふくめ所与の結論に拘束されず、科学の立場から自律的に判断する、ということである。第三に、以上を担保するために、あらゆる課題に対応できるよう構成員を自律的に選考し、課題にふさわしい審議の態勢を自ら形成する、ということである。これらの点において学術会議は、特定の事項について諮問を受けて審議を行ない、諮問者が構成員を人選し、結論も事務局によって方向づけが与えられることの多い審議会や諮問機関とは性格が異なる。学術会議法が明記している職務の独立性は否定しないが、これと人事の独立性とは別であるという議論がある。しかし、人事の独立性によってこそ職務の独立性も担保されるのであり、両者を切り離すことはできない。政府が諮問権限をもつことを根拠に、学術会議の諮問機関的性格を強調し、「優れた研究又は業績がある科学者」という基準では尽くされない「政治的中立性」を確保するために内閣総理大臣には人事にかんする実質的権限があるとする見解が見られるが、学術会議と政府との関係を見誤ったものといわざるをえない。

5．提言等から見る学術会議の役割

提言等はどのようにして作られるか？

学術会議による発信の形式には、法律が定める「勧告」のほか、「提言」「要望」「声明」「回答」「報告」がある（以下、「提言等」）。報告は八三年改正後、提言は〇四年改正後に導入されたものである。第二四期（二〇一七年一〇月～二〇二〇年九月）の場合、提言が八五件、報告が二三件、省庁からの審議依頼を受けて出した報告（回答）が三件（ほかに記録が二一件）であった（二〇二〇年一〇月二九日の記者会見要旨）。八三年改正までは勧告が多かったが、近年では、提言がもっとも多い。政府からの諮問はほとんどなく、審議依頼という形をとっている。全体として、学術会議自身の発意による発信が圧倒的に多くなっている。法定された勧告や諮問の数だけをとらえて学術会議の活動状況を云々するのは、ミスリーディングである。

提言等は、会員・連携会員によって構成された委員会や分科会における審議の結果として作成され、部などによる査読を経て、最終的には幹事会による承認を経たうえで、作成した委員会・分科会などの名義で公表される。本文は二〇頁に収めるというルールになっている。査読にあたっては、論理展開、読みやすさ、エビデンス、既出の提言等との関係などの観点からチェックされ、大小の修正が施されるのがふつうである。また、利益団体ではないので、利益誘導と受け取られるような内容にならないよう配慮が求められている。完成までの過程では、関係者からのヒアリングのほか、学協会などとともに公開シンポジウムを行ない、社会と対話する機会を設けることも稀ではない。以上のような時間をかけた手続をつうじて、専門分野を超えた総合知の結晶となるような文書の作成がめざされている。したがって、もともと、生じた事態に即応することにはあまり向いていないことに留意する必要がある。

提言等の量や質は適切か、適時に出されているか、名宛人に届いているかどうかは、検証されるべきことがらのひとつである。発信は、ウェブサイトに掲載するほか、記者会見を行なう、政府関係者に手渡す、国会議員に配布するなどさまざまな形をとっているが、名宛人に届いているかどうかについては、学術会議自身、改善すべき点としてとらえている。発出のおおむね一年後には、反響などを整理したインパクトレポートを提出することになっている（一一月二六日の記者会見資料を参照）。

学術会議の役割について具体的に考えるためには、関心のある提言等に実際に目をとおしてみるのがよいであろう。学術会議のウェブサイト（http://www.scj.go.jp/）に、提言・報告などのカテゴリー別、年次別に整理して掲載されている。

政府との関係——さまざまなパターン

とくに政府との関係における学術会議の立ち位置を考えるために、ここ十年ほどのあいだに出された数多くの提言等から特徴的なものを取り出してみると、いくつかのパターンを見いだすことができる。A．政府機関からの審議依頼に対して回答したもの、B．政府機関からの審議依頼に対する回答が大学等の科学者コミュニティによって参照されているもの、C．政府機関からの審議依頼に対して、問いを立てなおしたうえで回答したもの、D．政府への提言が政府機関によって参照されているもの、E．政府の方針・施策への批判をふくむ見解に政府機関からの応答があったもの、F．政府への勧告、G．政府の方針・施策への批判をふくむ見解が主として大学等の科学者コミュニティによって参照されているもの、というパターンである。ひとつずつ例示してみよう。

「代理懐胎を中心とする生殖補助医療の課題――社会的合意に向けて」

まず、〈政府機関からの審議依頼に対して回答したもの〉として、法務大臣・厚生労働大臣連名の審議依頼にもとづく回答と対外報告「代理懐胎を中心とする生殖補助医療の課題――社会的合意に向けて」(二〇〇八年四月八日)がある。

代理懐胎を規制するルールについては、日本産科婦人科学会の会告(二〇〇三年四月)しか存在しないという状況のもとで、報告は、①代理懐胎に対する立法的規制が必要、②代理懐胎は原則禁止する、③ただし、公的な厳重管理下での「試験的実施」は考慮の余地がある、④営利目的で行なわれる代理懐胎は、執行医・斡旋者・依頼者を刑事罰の対象に、⑤母子関係については、依頼女性ではなく代理懐胎者を法律上の母とし、依頼者と子とのあいだの法律的関係は、養子縁組または特別養子縁組による、⑥出自を知る権利、卵子提供、夫の死後の凍結卵子による懐胎については継続的に審議する、⑦生命倫理に関する諸問題を扱う公的研究機関および公的常設委員会を設置する、全体として「生まれる子の福祉」が最優先である、とする見解を提起した。審議の経過については、次のように述べられている。

当初、委員の間では、代理懐胎を絶対禁止とするものから、条件付きで容認すべし、さらには現状の法規制のない状態でよしとするなど、基本的な考え方が大きく異なっており、禁止するとしても、法律によるのか、さらに刑罰を科すのか、容認するとしても、条件は何か、どこまで認めるのか、など個々の具体的な問題についても様々な意見があった。まず事態に対する共通の理解と認識をもつために、法務省、厚生労働省からこれまでの行政における検討結果の概要報告を受けた後、委員会としての基本方針を決定し、委員がそれぞれの立場から各自の考えを発表して討論を重ねた。その後、各界外部有識者からのヒアリングを行い、代理懐胎施行医、外国でこれを行った依頼女性、不妊に悩む女性など当事者の意見も聴き、さらに第三者的立場の専門家やマスメディア関係者などからのヒアリングを行った。また厚生労働省による国民意識調査に関して「代理懐胎を五四％の者が受け入れる」との報道があったことについても、調査担当者から直接ヒアリングを行った。その他補足的な事項についてのヒアリングも含め、諸外国における現状の把握にも努めた。そのような作業の後、報告書原案の作成に入り、平成二〇年一月三一日に日本学術会議主催公開講演会を開催して、報告書原案の概要を提示し、参加者との意見交換も行った。参加者から書面で提出された質問、意見、アンケートの結果などについても本報告書作成の判断材料として斟酌した。

この報告は、副題にあるように、多様な意見のある代理懐胎という問題についての「社会的合意」へ向けた議論を促したものであったが、その後、生殖補助医療についての議論は順調に進んでいるとはいえない。わずかに、二〇二〇年一二月に民法特例法が成立し、第三者による卵子・精子の提供にもとづいて生まれた子の法的な親子関係が明確化されたのにとどまっているが、この法律の国会審議において、学術会議の右の見解への言及が繰り返し行なわれている（一一月一九日、参議院法務委員会、一一月二〇日、衆議院厚生労働委員会、一一月二七日、衆議院厚生労働委員会）。

「科学研究における健全性の向上について」

〈政府機関からの審議依頼に対する回答が大学等の科学者コミュニティによって参照されているもの〉としては、「科学研究における健全性の向上について」（二〇一五年三月）をあげることができる。

この回答は、さまざまな研究不正事案が表面化したことを背景に文部科学省が「研究活動における不正行為への対応等に関するガイドライン」を定めたのを受けて、同省科学技術・学術政策局が、二重投稿・オーサーシップのあり方などガイドラインが定めている捏造・改ざん・盗用以外の不正行為の問題や、実験データ等の保存期間・保存方法などについて検討を求めたのに答えたものである。これらは専門分野の特性など研究の現場の実情を踏まえたうえで共通の指針を定めることが望ましい論点であり、学術会議が検討するのにふさわしい問題であった。回答は研究倫理教育にかんする参照基準や研究不正にかかわるモデル規程をも含み、実際に各大学における対応の指針として参照されている。

「高レベル放射性廃棄物の処分について」

「高レベル放射性廃棄物の処分について」(二〇一二年九月)は、〈政府機関からの審議依頼に対して、問いを立てなおしたうえで回答〉した代表的な文書である。内閣府原子力委員会からの審議依頼の趣旨は、高レベル放射性廃棄物の地層処分施設建設地の候補として名のりあげる自治体が出てこない中で、どうすればこのプロセスを進行させることができるかなどについて助言を求めることにあった。これに対して学術会議は、高レベル放射性廃棄物の最終処分をめぐる社会的合意の形成が極度に困難な理由として、エネルギー政策・原子力政策における社会的合意が欠如したままで最終処分地選定への合意形成を求めるという転倒した手続などの問題点があることを指摘し、そのうえで、暫定保管および総量管理を柱とした政策枠組みの抜本的な再構築を提案した。

この提案は大きな社会的反響を呼び、いまでも折りに触れてメディアなどで言及されている。政府関係者にもインパクトを与えたと考えられるが、実際には「転倒した手続」が克服されるには至らないままに、現在、北海道において候補地選定の試みが行なわれようとしている。

「新しい高校地理・歴史教育の創造」

〈政府への提言が政府機関によって参照されている〉例として、高校歴史教育についての一連の提言をあげることができる。

高等学校で表面化した「世界史未履修問題」を契機に「世界史」教育の重要性が指摘される一方、「日本史」必修化の主張も出現している中で、心理学–教育学委員会・史学委員会・地域研究委員会合同の高校地理歴史科教育に関する分科会提言「新しい高校地理・歴史教育の創造」（二〇一一年八月）、史学委員会高校歴史教育に関する分科会提言「再び高校歴史教育のあり方について」（二〇一四年六月）は、「世界史」か「日本史」かの二者択一ではなく、従来の「日本史」「世界史」を統合する「歴史基礎」科目を新設することを提案した。この提案は、中央教育審議会における議論に大きな影響を与え、二〇二二年度に導入される新科目「歴史総合」につながっている。高校歴史教育に関する分科会は、検討されている新科目の内容について懸念があるとし、提言「『歴史総合』に期待されるもの」（二〇一六年五月）を公表している。

「これからの大学のあり方——特に教員養成・人文社会科学系のあり方——に関する議論に寄せて」

二〇一五年六月、文科大臣は、一六年度から始まる国立大学法人の第三期中期目標・中期計画に向けて「国立大学法人等の組織及び業務全般の見直しについて」と題する通知を発した。この通知は、「特に教員養成系学部・大学院、人文社会科学系学部・大学院については、……組織の廃止や社会的要請の高い分野への転換に積極的に取り組むよう努めることとする」という一節を含むものであった。学術会議は翌七月に「これからの大学のあり方——特に教員養成・人文社会科学系のあり方——に関する議論に寄せて」と題する幹事会声明を発し、「人文・社会科学のみをことさらに取り出して『組織の廃止や社会的要請の高い分野への転換』を求めることには大きな疑問がある」と批判した。これに対して、九月の学術会議幹事会に出席した文科省高等教育局長は、「廃止」は主として教員養成系の新課程（いわゆる「ゼロ免」）に対応し、人文・社会科学系に対応しているのは「転換」であって、人文・社会科学を軽視しているのでも「すぐに役立つ実学」のみを重視しているわけではない、と釈明した。その意味で、〈政府の方針・施策への批判を含む見解に政府機関からの応答があったもの〉と位置づけることが一応できる。

その後、人文・社会科学のあり方についての学術会議自身の見解については、第一部人文・社会科学の役割とその振興に関する分科会「学術の総合的発展をめざして——人文・社会科学からの提言」（二〇一七年六月）が出されている。

「総合的な科学・技術政策の確立による科学・技術研究の持続的振興に向けて」

二〇一五年六月の文科相通知に対して学術会議がこのように迅速に対応したのは、人文・社会科学をふくむ学術の総合的発展をめざすことが、自然科学系をふくめ学術会議全体の確固とした立場になっていたからである。二〇一〇年八月の勧告「総合的な科学・技術政策の確立による科学・技術研究の持続的振興に向けて」は、科学技術政策の法的根拠となっている科学技術基本法における『科学技術』の用語を『科学・技術』に改正し、政策が出口志向の研究に偏るという疑念を払拭するとともに、法第一条の『人文科学のみに係るものを除く』という規定を削除して人文・社会科学を施策の対象とすることを明らかにし、もって人文・社会科学を含む『科学・技術』全体についての長期的かつ総合的な政策確立の方針を明確にすること」を求めていた（法一条にいう「人文科学」とは、人文・社会科学を指す）。しかし、「勧告」という学術会議法が明示しているもっとも強い意思表示の形式がとられたにもかかわらず、政府からの直接の応答はなかった。後述するように、十年後の二〇二〇年六月、科学技術基本法が改正され、「人文科学のみに係るものを除く」という規定は削除された。これによって、結果として勧告が一部実現された形になる。ただし、学術会議が求めた「総合的な科学・技術政策の確立」という要請に応えたものと単純に見ることはできない。この点については、のちに立ち戻る。

任命拒否との関連でしばしば引き合いに出されているのが、「軍事的安全保障研究に関する声明」(二〇一七年三月)である。〈政府の方針・施策への批判をふくむ見解が主として大学等の科学者コミュニティによって参照されているもの〉というパターンに属するこの「声明」は、それを批判する意見においても支持する意見においても、必ずしも正確に理解されているとは言えない場合がある。項を改めて検討しよう。

6. 軍事研究についての学術会議の立場

「軍事的安全保障研究に関する声明」

二〇一五年度、防衛装備庁の安全保障技術研究推進制度が発足し、大学をはじめとする研究機関は対応を問われていた。過去、一九五〇年と一九六七年の二度にわたって「戦争を目的とする（軍事目的のための）科学研究」を行なわないとする態度を表明した学術会議が、改めて軍事研究（軍事的安全保障研究）に対する態度について検討したのは当然のことであった。課題別委員会として軍事的安全保障に関する検討委員会が設置され、二〇一六年六月から毎月審議が行なわれた。防衛装備庁の担当者をふくむ専門家からの聴き取りが行なわれ、委員会だけではなく、総会・部会でも議論が行なわれた。毎回多数の傍聴者が委員会の審議を見守り（学術会議の委員会・分科会の会議は、原則としてすべて公開で行なわれる）、逐語的な議事録と、学術会議内外からの意見、新聞記事等を含む配布資料がウェブサイトにおいて公表されたのは異例のことであった。学術会議としても、この問題に対する社会的関心の高さに応えようとしたのである。二〇一七年三月に幹事会によって採択されたこの声明は、それと一体のものとして出された「軍事的安全保障について」の報告（同年四月）と合わせて読まれる必要がある。

「声明」は、「近年、再び学術と軍事が接近しつつある中、われわれは、大学等の研究機関における軍事的安全保障研究、すなわち、軍事的な手段による国家の安全保障にかかわる研究が、学問の自由及び学術の健全な発展と緊張関係にあること」を確認し、過去の二つの声明を継承することを宣言した。そのうえで、研究の自主性・自律性、とくに研究成果の公開性の担保を重視する観点から、「軍事的安全保障研究では、研究の期間内及び期間後に、研究の方向性や秘密性の保持をめぐって、政府による研究者の活動への介入が強まる懸念がある」とし、「国内外に開かれた自由な研究・教育環境を維持する責任を負う」大学等の研究機関に対し、「軍事的安全保障研究と見なされる可能性のある研究について、その適切性を目的、方法、応用の妥当性の観点から技術的・倫理的に審査する制度を設け」、学協会等に対しては「それぞれの学術分野の性格に応じて、ガイドライン等を設定すること」を求めた。

安全保障技術研究推進制度に対する態度

「声明」に対しては、さまざまな角度から批判や疑問が出された。

一方では、安全保障技術研究推進制度に対する態度が不明確である、と言われた。確かに「声明」は、同制度の「廃止」や応募の「禁止」を求めてはいない。しかし「声明」は、「将来の装備開発につなげるという明確な目的に沿って公募・審査が行われ、外部の専門家でなく同庁内部の職員が研究中の進捗管理を行うなど、政府による研究への介入が著しく、問題が多い」と述べ、批判的な判断を明確にしている。その意味で、大学等に対応を「丸投げ」しているわけではない。学術会議としての見解を示したうえで、それぞれが審査体制やガイドラインを設けて自律的に判断することを求めたのである。「科学者コミュニティの代表」としての学術会議のメッセージの意味は重いが、科学者個人や大学・学協会等に対する強制力をもっているわけではない。このことを、「声明」の限界と見るべきでは必ずしもない。学術会議が依拠するのは法的権限ではなく、熟慮にもとづく論拠の力とそれに対する科学者コミュニティや社会の支持であるからである。

他方、学術会議はデュアル・ユース研究を妨げている、という受け止め方がある。「報告」によれば、いわゆるデュアル・ユースとは、「民生的研究と軍事的安全保障研究とを区別した上で、両者の間の転用に注目する考え方」である。「民生的研究と軍事的安全保障研究との区別が容易でないのは確かである。それは科学技術につきまとう問題である」という認識を前提としたうえで、軍事的安全保障研究にふくまれうるのは、①軍事利用を直接に研究目的とする研究、②研究資金の出所が軍事関連機関である研究、③研究成果が軍事的に利用される可能性がある研究等であるとし、これらのうち、「範囲が広く、どこまで含まれるか判断が特に難しい」のは③であり、「慎重な対応が求められる」というのが「声明＝報告」の立場である。したがって、軍事転用の可能性のある研究はおよそすべきではないと言っているのではなく、「科学者が、自らの研究成果がいかなる目的に使用されるかを全面的に管理することは難しい」がゆえに、「まずは『入口』において慎重な判断を行うことが求められる」としているのである。一方、「報告」は、「軍事的安全保障研究予算の比率が高まる中で、民生的分野でも可能な研究が軍事的安全保障研究予算により行われた面があるとも指摘されている」とし、「民生的研究から軍事的安全保障研究への転用（スピンオン）が近年期待されるようになっているが、学術研究にとって重要なのは、民生的分野の研究を、大学等・公的機関・企業等が連携して、基礎から応用までバランスのとれた形で推進することである」という認識を示している。これが、「学術の健全な発展という見地から、むしろ必要なのは、科学者の研究の自主性・自律性、研究成果の公開性が尊重される民生分野の研究資金の一層の充実である」という「声明」の主張につながっている。

学術会議は学問の自由を侵害しているか？

このような「声明」の主張については、学問の自由を侵害している、という見方がある。この点について「報告」は、「学問の自由とは、真理の探究を主目的とする学術研究の自由であり、学術研究が、さまざまな権威の中でもとりわけ政治権力によって制約されたり政府に動員されたりすることがあるという歴史的な経験をふまえつつ、学術研究の自主性・自律性、そして特に研究成果の公開性が担保される必要がある」としたうえで、「研究の適切性について、学術的な蓄積にもとづいて科学者コミュニティが規範を定め、コミュニティとして自己規律を行うことは、個々の研究者の学問の自由を侵すものではない」、むしろ「人権・平和・福祉・環境などの普遍的な価値に照らして研究の適切性を判断し、自己規律を行うことを通じて、それらの価値の実現を図ることは、科学者コミュニティの責務である」という立場を示している。軍事的安全保障研究について「報告」は、「研究の過程でも研究後の成果に関しても、秘密性の保持が高度に要求されがちであり、アメリカ等の研究状況に照らしても、自由な研究環境の維持について懸念がある」とし、「声明」も大学等の「国内外に開かれた自由な研究・教育環境を維持する責任」を指摘して、研究の公開性の確保を重んじる姿勢を示している。

このように、「声明」が軍事的安全保障研究について踏み込んだ見解を示したことに対して、政治的活動を行なっているかのような批判がある。しかし、「声明」は、憲法上許される自衛権の範囲のような、国民のあいだでも学術会議会員のあいだでも見解の分かれる問題には立ち入っていない。委員の中に存在した「自衛」のための装備開発への関与は認められるはずであるという意見は採用されなかった。「自衛目的の技術と攻撃目的の技術との区別は困難な場合が多」く(「報告」)、判断の基準とはなりえないからである。これに対して「声明」が立脚したのは、「科学者コミュニティが追求すべきは、何よりも学術の健全な発展であり、それを通じて社会からの負託に応えることである。学術研究がとりわけ政治権力によって制約されたり動員されたりすることがあるという歴史的な経験をふまえて、研究の自主性・自律性、そして特に研究成果の公開性が担保されなければならない」(「声明」)という認識である。これは科学者として最大限一致することのできる立脚点として選択されたものであり、それを「政治的」と呼ぶことは適切ではない。なお、〝政策〟とは本来〝政治的なもの〟であり、〝政策について述べる〟ということは常に何らかの〝政治的意味〟を帯びる、と考えることができる。しかし、ここで「政治的」と言われているのは、もちろんそのような意味においてではない（小森田・二〇一八）。

「声明」が「研究の適切性をめぐっては、学術的な蓄積にもとづいて、科学者コミュニティにおいて一定の共通認識が形成される必要があり、個々の科学者はもとより、各研究機関、各分野の学協会、そして科学者コミュニティが社会と共に真摯な議論を続けて行かなければならない。科学者を代表する機関としての日本学術会議は、そうした議論に資する視点と知見を提供すべく、今後も率先して検討を進めて行く」と結んだのを受け、続く第二四期の学術会議は、科学者委員会のもとに軍事的安全保障研究声明に関するフォローアップ分科会を設け、研究機関と学協会に対するアンケート、各大学の規則類の分析をつうじて、「声明」がどのように受け止められたかを確認する作業を行ない、結果を公表した（『軍事的安全保障研究に関する声明』への研究機関・学協会の対応と論点」二〇二〇年八月）。

「軍事的安全保障研究に関する声明」は、政府の重要政策に触れるものであり、とくに多くの議論を呼んだ。しかし、学術会議からの発信は政府との関係に限っても以上のように多様なベクトルに広がっているのであり、それら全体を「国の機関でありながら独立している」という立ち位置が支えていることになる。

二　任命拒否の何が問題か？

1. 任命拒否は正当か？

法律の文言と構造

さて、任命拒否の何が問題なのか？　まっ先に問われなければならないのは、いうまでもなく内閣総理大臣による六名の会員候補の任命拒否は正当か、ということである。

すでに述べたように、学術会議法によれば、学術会議は「優れた研究又は業績がある科学者」のうちから会員の候補者を選考して内閣総理大臣に推薦し（一七条）、内閣総理大臣はこの「推薦に基づいて」会員を任命する（七条二項）ことになっている。「基づいて」でつながれている「推薦」と「任命」との関係をどのように理解すべきかが問題の焦点である。

法令用語の次元でいえば、推薦に「基づき」という用語が一義的な答えを与えるものであるかどうかについては、議論の余地があるようである。林修三他『法令用語辞典 第十次改訂版』（学陽書房、二〇一六年）は、行政機関が一定の行為をするに当たり審議会・調査会等の意見を聴いてしなければならない場合という限定を付しつつ、「議（決）に基づき」「議により」「議を経て」「議に付し」などの用語例があるとしたうえで、「一概には言えない点もあるが、『議（決）に基づき』というのは『議により』よりは拘束性が弱く、『議に付し』よりは拘束性が強いと言ってよいであろう」とし、「その議決の拘束力は、結局それぞれの法令の規定の趣旨によって個々に判定すべきものと思われる」と述べている。したがって重要なのは、学術会議法の法構造において示されている学術会議の性格である。

第一に重要なのは、法律自身が学術会議の独立性を明示したうえで（学術会議法三条「日本学術会議は、独立して……職務を行う」）、政府に対しては諮問の権限（同三条）を、学術会議に対しては勧告の権限（同五条）を与えることによって、両者が対等な関係であることを示している、ということである。第二に、「優れた研究又は業績がある科学者」という、科学者のみが判断できることがらを会員の選考基準として定めている（同一七条）。第三に、「内閣総理大臣は、会員に会員として不適当な行為があるときは、日本学術会議の申出に基づき、当該会員を退職させることができる」（同二六条）と定めているとおり、退職についても学術会議による自律的判断が前提とされている。さらに、会長の「申出を考慮して」内閣総理大臣が任免を行なう事務局職員の職員（同一六条三項）と学術会議の推薦に「基づいて」任命される会員とは、人事手続がはっきり区別されていることをつけ加えることもできる。これらの規定は、学術会議による推薦が任命権者に対してきわめて強い拘束力をもつことを示している。

それでも任命権者が例外的に推薦に従わないことがありうるとしたら、例えば、公務員としての欠格事由が明らかになった場合などを想定することができなくはない。しかし、この場合でも、学術会議法二六条の趣旨に照らせば、学術会議に理由を示すことなくいきなり任命を拒否することはありえないであろう。

これに対して、政府が繰り返し示している任命拒否の根拠は、憲法一五条一項（「公務員を選定し、及びこれを罷免することは、国民固有の権利である。」）である。しかし、憲法一五条一項は国民の公務員選定権を定めたものであり、それは国民の代表である国会が定める法律をつうじて具体化される。したがって、学術会議会員の任命については、上記のような学術会議法の規定によることになる。六五条（「行政権は、内閣に属する。」）も七二条（「内閣総理大臣は、内閣を代表して議案を国会に提出し、一般国務及び外交関係について国会に報告し、並びに行政各部を指揮監督する。」）も、学術会議法を飛び越えて、推薦のとおりに任命すべき義務を否定する根拠とはなりえない。政府は、学術会議が「行政機関」であり、学術会議会員が「公務員」であることを強調して、内閣総理大臣の指揮監督権により任命拒否を正当化しようとしている。確かに学術会議は、組織的には内閣府に所属する広い意味での行政機関ではあるが、内閣府設置法四〇条三項が定める「特別の機関」のひとつである。学術会議法が定める内閣総理大臣の「所轄」（一条二項）という言葉は、例えば公正取引委員会のように、独立性が高く、主任の大臣（学術会議の場合は内閣総理大臣）との関係がもっとも薄い場合に用いられる。また、学術会議会員は特別職国家公務員であり、国家公務員法は適用されない（国家公務員法二条五項）。学術会議法が一九八三年に改正される前の選挙制の時代には、会員を任命するという制度自体が存在しなかった。同じく特別職国家公務員である学士院会員は現在でもそうであり、会員が互選によって「選定」するという手続が定められているにすぎない。公務員であるということだけから無媒介に内閣総理大臣の指揮監督権を導き出すことはできないのである。

以上のことから、内閣総理大臣による今回の任命拒否は、きわめて違法性の強いものであるといわざるをえない。

従来の政府解釈

内閣総理大臣による任命という手続は、一九八三年に選挙制から学協会推薦制に変更する法改正によって導入されたものである。そのさいの国会審議において、この任命は形式的なものにすぎないことが繰り返し確認されている。

同年五月一二日の参議院文教委員会において、内閣総理大臣官房参事官の高岡完治は、内閣総理大臣の任命行為について、「従来の選挙制が今回の改正法案によりまして推薦制ということに変わるものですので、特別職国家公務員としての日本学術会議会員としての地位といいますか、法的な地位を獲得するためには、何らかの発令行為がどうしても法律上要る」ために、推薦制に「随伴する付随的行為」として行なう「形式的発令行為」（傍点引用者。以下おなじ）だとし、「法律案審査の段階におきまして、内閣法制局の担当参事官と十分その点は私ども詰めたところ」だと繰り返し述べている。「今後この学術会議は、たとえば他の諮問機関のような形に変わっていくのでしょうか」と問われた中曽根康弘首相は、「これは、学会やらあるいは学術集団から推薦に基づいて行われるので、政府が行うのは形式的任命にすぎません。したがって、実態は各学会なり学術集団が推薦権を握っているようなもので、政府の行為は形式的行為であるとお考えくだされば、学問の自由独立というものはあくまで保障されるものと考えております」と言明し、これを受けて高岡も「形式的任命」であることを確認している。一一月二四日の参議院文教委員会においても、「学術会議のように一般の学者から選挙されるんじゃなくて、やはり官庁の方が行政指導で決めたり、また会員を決めたりというのが強いのがこれが審議会。その審議会よりもさらに強く内閣総理大臣に直属していると、これはどうもいただけない」という議員の懸念に対して、丹羽兵助総理府総務長官は、「会員の選出方法等を改めろということであって、その心配はないと思いまするし、……学術会議の性格、目的、任務等に少しも変更を加えるものではない」「内閣総理大臣による会員の任命行為というものはあくまでも形式的なものでございまして、会員の任命に当たりましては、学協会等における自主的な選出結果を十分尊重し、推薦された者をそのまま会員として任命するということにしております」と述べている。

また、二〇〇四年の法改正のさいには、当時学術会議を所管していた総務省が内閣法制局に提出した「日本学術会議法の一部を改正する法律案（説明資料、平成一六年一月二六日、総務省）」と題する文書に、「現行の登録学術研究団体の推薦に基づいた会員選考方式を廃止し、会員選考については、現会員による選出（co-optation）制度に改正する。具体的には、日本学術会議が、規則で定めるところにより、優れた研究又は業績がある科学者のうちから、会員の候補者を決定し、内閣総理大臣に推薦し、内閣総理大臣が、その推薦に基づき、会員を任命することになる。この際、日本学術会議から推薦された会員の候補者につき、内閣総理大臣が任命を拒否することは想定されていない」と記載されていた。国会審議においては、コオプテーション制に移行する最初の会員の人事手続が学術会議の独立性との関連で問題にされているにとどまり（三月二三日、衆議院文部科学委員会）、内閣総理大臣の任命権についてはおよそ議論の対象となっていない。形式的任命という理解が自明のものとなっていたのである。

「調整」という名の介入

ところが、任命拒否後の二〇二〇年一〇月六日に行なわれた野党合同ヒアリングにおいて、内閣府は、日本学術会議事務局名の「日本学術会議法第一七条による推薦と内閣総理大臣による会員の任命との関係について」と題する文書が二〇一八年一一月一三日づけで作られていることを明らかにした（以下、「一八年一一月文書」）。一八年一一月文書の公表は、この文書が打ち出している憲法第一五条一項によって任命拒否を根拠づける主張を政府が展開してゆく合図であった。

ところで、二〇二〇年一〇月の任命拒否に先立ち、少なくとも二〇一六年には首相官邸による人事への介入が始まっていたことが明らかになっている。この年の八～九月に行なわれた定年となる会員三名の補欠の人事にさいして、幹事会による決定と総会による承認を経て候補者を内閣総理大臣に正式に推薦する手続がとられるのに先立って、選考委員会が作成した補欠一名につき順位を付した二名ずつの候補者名簿が官邸に示され、そのうち二ポストについて官邸側から「難色」が示されたのである。菅首相によって「一定の調整」「すりあわせ」と呼ばれる（二〇二〇年一一月六日、参議院予算委員会）このやりとりは単なる「意見交換」や学術会議からの「説明」ではなく、官邸が理由を示すことなく順位を入れ替えることを求めたものにほかならず、学術会議法も内規も想定していない人事介入であった。このような異例の事態に直面した学術会議側では、選考委員会において介入を批判し危惧する意見が少なからず出されたにもかかわらず一致して毅然とした対応を行なうには至らなかった。結果として、順序の入れ替えに応じることはなかったとはいえ、欠員を生じるという事態をもたらしたのである。筆者は、学術会議が推薦の手続と推薦にあたっての考え方を、任命権者に対してというより、広く社会一般に対して積極的に説明することは望ましいことだと考えている。それについて意見があれば受け止め、検討すべきであろう。だが、そのことと具体的に誰を会員候補者に選ぶかということとはまったく別の問題であり、後者はあくまで学術会議が自律的に行なうべきことがらである。

　重要なことは、官邸によるこのような「調整」の試みは、幹事会の決定と総会の承認を経て正式に推薦が行なわれれば形式的に任命するほかはないことを承知しているがゆえに、事前の「調整」によって順序を入れ替えさせ、推薦どおり任命したという外形を保とうとしたことを意味する、ということである。しかし、学術会議は手続に則ってボトムアップで選考を行なっているのであり、官僚機構内の人事とは異なって、官邸と会長（具体的には杉田官房副長官と当時の大西隆会長）とのあいだでの非公式の「調整」によって結果を変えられるような性格の組織ではない。このことに対する無理解が官邸側には存在したのではないか、と考えざるをえない。このような「調整」の試みは、二〇一七年一〇月の半数改選のさいにも行なわれたが、このときは結果として学術会議が選考したとおりの推薦＝任命がなされた。しかし、二〇一八年一〇月の補欠選考のさいには二〇一六年と同様の「調整」の不調が繰り返された。事前「調整」という非公式なやり方が政権にとって限界のあるものであり、これ以上続けることができないことが明らかとなったのである。こうして作成されることになったのが一八年一一月文書であり、このような準備のうえで、二〇二〇年一〇月の任命拒否が行なわれたのであった。

一八年一一月文書は、「(1) まず、①日本学術会議が内閣総理大臣の所轄の下の国の行政機関であることから、憲法第六五条及び第七二条の規定に照らし、内閣総理大臣は、会員の任命権者として、日本学術会議に人事を通じて一定の監督権を行使することができるものであると考えられること、②憲法第一五条一項の規定に明らかにされているところの公務員の終局的任命権が国民にあるという国民主権の原理からすれば、任命権者たる内閣総理大臣が、会員の任命について国民及び国会に対して責任を負えるものでなければならないことからすれば、内閣総理大臣に、日学法第一七条による推薦のとおりに任命すべき義務があるとまでは言えないと考えられる」と結論づけるものであった。

この文書は、作成過程が不透明であり、当時の山極壽一会長も関知しないものであった。また、作成過程がどうであれ、そもそも行政府内部の文書によって国会における政府答弁を変更することはできない。内容について言えば、憲法第一五条一項も、第六五条、第七二条も、学術会議法を飛び越えて「推薦のとおりに任命すべき義務」を否定する根拠とはなりえないことは、すでに述べたとおりである。

一八年一一月文書の不自然な内容

ところで、この文書は、問題の「推薦のとおりに任命すべき義務があるとまでは言えない」という文言も歯切れがよくないが、論理的にも不自然なものである。というのは、上記の〈任命義務の否定〉に続いて、〈推薦の尊重〉を求める次のような記述があるからである。

「(2) 他方、会員の任命について、日本学術会議の推薦に基づかなければならないとされているのは、①会員候補者が優れた研究又は業績がある科学者であり、会員としてふさわしいかどうかを適切に判断しうるのは、日本学術会議であること、②日本学術会議は、法律上、科学者の代表機関として位置付けられており、独立して職務を行うこととされていること、③昭和五八年の日学法改正による推薦・任命制の導入の趣旨は前述したとおりであり、これまでの沿革からすれば、科学者が自主的に会員を選出するという基本的考え方に変更はなく、内閣総理大臣による会員の任命は、会員候補者に特別職の国家公務員たる会員としての地位を与えることを意図していたことによることからすれば、内閣総理大臣は、任命に当たって日本学術会議からの推薦を十分に尊重する必要があると考えられる。」

これはきわめて適切な指摘である。しかし、論理的には、まず、〈推薦の尊重〉があり、これを〈任命義務の否定〉によって打ち消したうえで、「とまでは言えない」というのであるから、ではどういう場合には任命しなくてもよい〈例外〉なのかを説明すべきところであろう。しかし、〈推薦の尊重〉と〈任命義務の否定〉の順序が逆転しているうえに、〈例外〉についての記述は欠けている。そのうえで、内閣総理大臣の〈選択権〉すら主張する次のような記述が唐突につけ加えられている。

「なお、(1) 及び (2) の観点を踏まえたうえで、内閣総理大臣が適切にその任命権を行使するため、任命すべき会員の数を上回る候補者の推薦を求め、その中から任命するということも否定されない（日本学術会議に保障された職務の独立を侵害するものではない。）と考えられる。」

すなわち、〈任命義務の否定〉→〈推薦の尊重〉→〈選択権〉という不自然な記述になっているのである。任命しなくてもよい〈例外〉について言えば、〈任命義務の否定〉のあとに、次のような注記がある。

内閣総理大臣による会員の任命は、推薦を前提とするものであることから「形式的任命」と言われることもあるが、国の行政機関に属する国家公務員の任命であることから、司法権の独立が憲法上保障されているところでの内閣による下級裁判所の裁判官の任命や、憲法第23条に規定された学問の自由を保障するために大学の自治が認められているところでの文部大臣による大学の学長の任命とは同視することはできないと考えられる。

これによって、「形式的任命」とされてきたことが自覚されていることがわかる。しかし、「同視することはできない」というだけでは何も言ったことにはならず、〈例外〉についてはー切語らないというのであれば、任命権者の恣意に道を拓くだけと言わざるをえない。

なお、「3. 日学法第七条第二項に基づく内閣総理大臣の任命権の在り方について」の項目に先立つ「2. 現行の会員選出方法について」の項目は、退職条項に触れている。「日学法上、会員としての欠格条項は特段規定されていないが、会員に会員としての不適当な行為がある時は、内閣総理大臣は、日本学術会議の申出に基づき、当該会員を退職させることができることとされている（日学法第二六条）。その不適当な行為とは、いわゆる名誉を汚辱するような行為であり、例えば、犯罪行為等が想定されているところである」。また、不適切な事案を背景に連携会員の辞職が承認された例として、研究資金の不正使用やデータの改ざん・捏造の事例が注記されている。したがって、これから類推すれば、内閣総理大臣が任命を拒否することができる例外的な場合としては「犯罪行為等」や研究不正が想定されることになりそうである。しかしこの退職条項は、任命しなくてもよい〈例外〉と関連づけられてはいない。

開示された内閣府資料

一八年一一月文書の不自然さの謎は、二〇二〇年一二月一〇日に内閣府から日本共産党の田村智子参議院議員事務所に開示された同文書の作成過程に関する資料によって、かなりの程度明らかとなった。

内閣府学術会議事務局名の「法制局第一部御審査資料」と題する一連の資料によれば、一八年一一月文書は、九月五日から一一月一三日にかけて行なわれた学術会議事務局と内閣法制局第一部との頻繁なやり取りの積み重ねをつうじて作成されたものであることがわかる。第一部とは、法律問題に関し内閣並びに内閣総理大臣および各省大臣に対し意見を述べるいわゆる「意見事務」を担当する部署である。これらの「御審査資料」によって、見え消し版を重ねながら一八年一一月文書が作成されてゆく経緯を詳細にたどることができる。ただし、いまのところ肝心な部分が黒塗りにされている。「任命権者の考え方につき、誤解を招き得る記述」などを黒塗りにしているのだという（一二月一七日、参議院内閣委員会）。このような限界があるものの、以下のような点を読み取ることができる（小森田・二〇二〇b）。

第一に、任命拒否後の国会審議において近藤内閣法制局長官は、「何も世の中起こっていないところで、平時のところできちっと御相談があって、そのときにみんなで議論をし、考えた上で、ああいう結論について了解した」（一一月五日、参議院予算委員会）と述べているが、誤りである。「何も世の中起こっていない」のではなく、二〇一八年一〇月に補欠会員の選考・任命について「各部と任命権者との間で意見の隔たりが生じ」、総会における承認が見送られるという具体的な出来事が生じたがゆえに、「今後の手続の明確化（申し合わせの改正を含む）を図るため」内閣法制局の見解を尋ねるのだという事情を、当時の学術会議事務局は明言している。内閣法制局の見解を求めなければならないような新たな問題が生じていたのであり、単に従来の見解の確認が必要になったのではなかった。

第二に、「内閣総理大臣に、日学法第一七条による推薦のとおりに任命すべき義務があるとまでは言えない」という一八年一一月文書の核心は、「内閣総理大臣が、その総合的な判断によって、会議から推薦された候補者を任命しないことは、法的に許容されるものと解される」という形で、出発点の九月五日づけ文書においてすでに示されている。すべてが結論ありき、これを正当化するための作業であった。

第三に、この結論を裏づける作業の過程では、法令、国会議事録、判例、学説、学術会議関係の資料などが詳細に参照されている。したがって、内閣総理大臣の任命は形式的なものであるという政府見解が存在することは十分に認識されていた。

第四に、内閣総理大臣の任命は形式的なものであるという前提を否定し、推薦どおりの任命の義務的性格を否定する結論を導く論理構成は一貫したものではなく、たびたび揺れ動いた。途中では「時々の政治的便宜に左右されることなく」と学問の自由への言及が行なわれ、学術会議を「学問の自由を側面支援している機関」と位置づける注目すべき記述も現われている。しかし、最終的には採用されなかった。

第五に、推薦どおりに任命する義務を免れる例外がどこにあるかを示唆する下級裁判所裁判官や大学学長の任命の事例が検討されている。「どのような場合でも絶対的に推薦に拘束されるか」について初めて憲法一五条一項を援用した一〇月九日の文書では、大学の学長の任命について文部大臣の任命が大学からの申出に拘束されるかどうかが争われた一九七三年のいわゆる九大学長事務取扱事件東京地裁判決が取り上げられている。この判決においては、「『もっとも、任命権者たる文部大臣あるいは地方公共団体の長は、その権限を適法に行使しなければならないこともいうをまたないから、申出が明白に法定の手続に違背しているとき、あるいは申出のあった者が公務員としての欠格条項にあたるようなときなどは、形式的瑕疵を補正させるために差し戻したり、申出を拒否して申出のあった者を学長等に任用しないことができる』とされていることから、〔黒塗り〕内閣総理大臣は、会議から推薦された者の任命を行わないことができないとまでは解されない考える。〔黒塗り〕」とされている。このように、九大学長事務取扱事件を援用すれば、学術会議会員の場合にも、「絶対的に推薦に拘束される」わけではない場合として、明白な法定手続違反、公務員としての欠格条項という基本的に客観的なことがらが例外として示唆されることになる。ここでは、「総合的な判断」というような裁量的権限を持ちだす余地はなく、内閣総理大臣の学術会議会員任命権の実質的な性格を根拠づける事案としては不都合なものであった。そのため、この見解から距離を置くほかはなく、結局、例外を明確に示すこと自体が放棄されたのである。「司法権の独立が憲法上保障されているところでの内閣による下級裁判所の裁判官の任命や、憲法第二三条に規定された学問の自由を保障するために大学の自治が認められているところでの文部大臣による大学の学長の任命とは同視することはできないと考えられる」という一八年一一月文書の注記は、このような検討過程の痕跡にほかならない。しかし、その詳細を示していると思われる部分は、いまのところ黒塗りで非開示となっている。

第六に、それに代わって、人事権の積極的な行使（任命すべき会員の数を上回る候補者の中から任命）の可能性が主張されている。それは、厳密な法解釈によって導き出したものというより、政策的な議論であり、二〇一六年以降行なわれてきた「調整」の試みを追認し制度化しようとするものであった。

結局できあがったのは、形式的任命説を否定してはいるものの、その根拠を説得的に覆すことには失敗し、推薦どおりに任命する義務を免れる例外を明確に示すことも放棄し、結果として任命権者の恣意に道を拓く、論理的にも不自然な文書であった。この文書は、一一月一五日に内閣法制局が「異論はない旨回答した」ことになっている（二〇二〇年一一月四日、衆議院予算委員会）。

残る問題は、学術会議事務局が内閣法制局第一部の見解を求めるという形をとったこの作業が誰の発意で行なわれたのか、ということである。一連の資料の中には、それを直接に示すものはない。国会審議において事務局長は、官邸からの指示にもとづいて始めたものではないとし、「事務局としての業務を進めていくにあたっての勉強」ということで始めた、と答弁している（二〇二〇年一〇月七日、衆議院内閣委員会）。また、一八年一一月文書は「事務局の方が会長や会員の方々から問合せに対して回答するための備忘」であり、「特に新しい解釈や解釈変更を含むわけでは」ないので、当時の事務局長は会長に文書を見せて説明する必要はないと判断し、口頭で報告したのだ、という（一一月一一日、衆議院内閣委員会）。しかし、山極前会長は、説明を受けた覚えはない、と述べている（一〇月二九日、NHK）。菅首相をはじめ政府が一八年一一月文書の趣旨を「内閣法制局の了解」を得たものとして金科玉条としていることから見ても、「事務局としての勉強」として始まったという説明には説得力がない。文書作成の経緯も明らかにされるべきである。

2. なぜ任命拒否が行なわれたのか？

任命拒否の経緯

国会審議などをつうじて明らかになった任命拒否に至る経緯は、次のようなものである。

学術会議は、八月三〇日、七月九日の会員総会において承認された第二五～二六期会員候補者一〇五名を内閣総理大臣に推薦した。氏名のみを五〇音順に並べたリストの提出である（つまり、所属、年齢、専門分野などのデータはこのリストにはない）。九月一六日、菅義偉内閣が発足する。首相によれば、就任後、学術会議についての「懸念や任命の考え方」を官房長官や副長官をつうじて内閣府に伝えた、という（一一月四日、衆議院予算委員会）。もしこれが事実であるとすれば、後述するように、「任命の考え方」とは「前例の踏襲」はしない、つまり推薦どおりに形式的に任命をすることはしないということを意味するから、実質的な判断を加え、任命すべきでない者がいればそれを示すよう指示したということであろう。これを受け、何らかの資料にもとづいて人選を行なったのは、杉田官房副長官であると考えられる（どの段階かは明らかでないが、杉田副長官が「任命できない候補者がいる」旨を首相に説明していたとの報道もあり、首相就任直後の慌ただしい時期であるから、むしろ副長官が任命拒否を主導した可能性も否定できない）。内閣府は九月二四日、六名を黒塗りにした決裁案を起案し、菅首相は九月二八日に決裁を行なった。首相がどの段階で六名について杉田副長官から説明を受けたのかについては答弁が揺れているが、いずれにしても六名のうち一名を除いて名前を知らないというのであるから（一一月二日、衆議院予算委員会）、杉田官房副長官が関与して作成された決裁案を追認したということであろう。内閣府から内示を受けた学術会議の事務局長は「大変驚愕し」、「間違いではないかと思って確認し」たうえで、本人に通知した（一〇月七日、衆議院内閣委員会）。こうして、一〇月一日の辞令交付の直前に、任命拒否という前例のない事態が明るみに出たのである。

任命権者の説明

菅首相は、一〇月二八日の衆議院本会議における所信表明演説に対する総括質疑のさいに、次のように説明している。

> 過去の国会答弁は承知しておりますが、憲法第一五条第一項は、公務員の選定は国民固有の権利と規定しており、日本学術会議の会員についても、必ず推薦のとおりに任命しなければならないわけではないという点については、内閣法制局の了解を経た政府としての一貫した考えであります。今回の任命は、任命権者たる内閣総理大臣が、その責任をしっかり果たしていく中で、日本学術会議の推薦に基づいて任命を行ったものであります。
>
> その上で、個々人の任命の理由については、人事に関することであり、お答えを差し控えますが、任命を行う際には、総合的、俯瞰的な活動、すなわち専門分野の枠にとらわれない広い視野に立ってバランスのとれた活動を行い、国の予算を投じる機関として、国民に理解される存在であるべきということ、更に言えば、例えば、民間出身者や若手が少なく、出身や大学にも偏りが見られることも踏まえて、多様性が大事だということを念頭に、私が任命権者として判断を行ったものであります。

第一に、憲法一五条一項にもとづき、学術会議会員を「必ず推薦のとおりに任命しなければならないわけではない」という点については「内閣法制局の了解を経た政府としての一貫した考え」であることを前提に、学術会議会員は公務員であり、「国の予算を投じる機関」として、「国民に理解される存在であるべき」であることから、任命権者として判断を行なった、と説明されている。このような説明は、その後も終始一貫変わらない。こう述べる根拠について首相は語っていないが、背後に一八年一一月文書があることは疑いない。

第二に、任命にあたっては、「総合的、俯瞰的な活動、すなわち専門分野の枠にとらわれない広い視野に立ってバランスのとれた活動」を行なうこと、また所属機関や年齢など会員構成に偏りがあり、「多様性」が重要であることを考慮したことが主張されている。首相や加藤官房長官が早い段階から用いていた「総合的、俯瞰的」という言葉は、すでに見たように、総合科学技術会議「日本学術会議の在り方について」（二〇〇三年二月）が、「総合的、俯瞰的な観点から活動する」ことが求められるとしたことに由来し、学術会議の活動全体について述べられたものである。憲法一五条一項一辺倒で学術会議法にはほとんど触れない首相に対して、加藤官房長官は、学術会議法の趣旨・目的を踏まえ、総合科学技術会議等々の有識者の意見を踏まえて判断すると補足し、「総合的、俯瞰的な観点」を根拠づけようとしている（一一月四日、衆議院予算委員会ほか）。しかし、いずれにしても、「総合的、俯瞰的な観点」によって、すべて人文・社会科学に属する六名の除外がどのように導かれるのを説明することはできない。「多様性」についても、私立大学三名、女性一名、五〇代一名を含む六名を排除したことを説明するのは困難である。国会審議では、この点が繰り返し指摘されたが、これに対する答えは避けられている。

そこで第三に、前面に出されてくるのが、会員人事の「閉鎖性」と「既得権益」、そして「前例踏襲」の放棄という論点である。転機は、一一月二日の衆議院予算委員会であった。菅首相は次のように述べている。

私は、官房長官のときから、学術会議にさまざまな懸念を持っていました。それは、まず、年間一〇億円の予算を使って活動している政府の機関であり、私が任命すると公務員になるんです。そういう中で、かねてより多様な会員を選出するべきと言われながら、現状は出身や大学に大きな偏りがあります。また、民間人、産業界、あるいは四九歳以下の若手はたったの三％です。

午前中もこれは議論がありましたけれども、会員の選考というのは、研究者は全国で九〇万人いると言われています。その中で、約二〇〇人の現在の会員、また約二〇〇〇人の連携会員、この人たちとつながりのある限られた中から選ばれております。閉鎖的で既得権のようなものになっていると言わざるを得ないと思います。

こうした中で、学術会議から推薦された方々をそのまま任命されてきた前例を踏襲していいのかどうか、私自身は悩みに悩みました。そして、この閉鎖的で既得権のようになっているとも言われるこういう状況の中から任命されてきているわけでありますから、今回、前例踏襲はやめて、結果として、例えば民間人や若い人をふやすことができるようにしたらいいのではないかなという私自身の判断をしたということであります。

こうして、「多様性」の欠如という論点が「閉鎖的な既得権」によって支配された人事という論点と関連づけられ、やがて六名の顔ぶれを整合的に説明できない前者とともに、後者の論点が繰り返されるようになる。菅首相は一貫して、会員の推薦を会員・連携会員との「つながり」があることと理解しており（一〇月五日のインタビューでは「事実上、現在の会員が自分の後任を指名することも可能」と述べていた）、これが「閉鎖的な既得権益」という理解と結びついていると見られる。だが、六名の顔ぶれは、「閉鎖的な既得権」によっても説明できるわけではない。実は、菅首相自身によってもそのことは意識されている。「閉鎖的な既得権」という学術会議に対する懸念は「今回の個々人の任命の判断とは直結しておりません」（一一月四日、衆議院予算委員会ほか）と繰り返し述べているからである。しかし、「今回一〇五人の推薦に対しても九九名を任命することで、結果として例えば民間人や若手も増えていくことを期待しており、今後、学術会議、国民に理解されるようにより良いものにしていきたい」（一一月五日、参議院予算委員会）とし、今回の任命拒否が今後の会員構成に影響を及ぼす意図からなされたものであることを率直に語っている。重要なのは、「総合的、俯瞰的」な観点や「多様性」から「閉鎖的な既得権益」への論点の拡大・移行が、学術会議のあり方の見なおし論へと連動してゆく気配がここではっきり示された、ということであった。一一月二日の答弁で菅首相が「午前中の議論」と言っているのは、自民党ＰＴの事務局長が人事手続について立ち入った質疑を行なったことを指している。ここで露払いが行なわれたのである。

第四に、いかなる説明も六名の任命がなぜ拒否されたかの理由になっていないと迫られたとき、菅首相が自明のように繰り返した防衛線は、個別の人事については、「政府の機関にかかわる公務員の人を指名するのと一緒ですから、通常の公務員の任命と同様に、その理由について、これは人事にかかわることですから、答えは差し控えるべきだ」（一一月二日、衆議院予算委員会）ということであった。これも終始一貫した姿勢である。

しかし、学術会議会員の任命を通常の公務員の任命と同一視することはできない。任命権者として実質的に判断するというのであるから、何らかの判断基準があるはずである。法律は「優れた研究又は業績がある科学者」という推薦の基準を示している。任命にあたってこれを適用した結果の任命拒否なのか、別の基準を適用したのか（いずれも違法の疑いが強いが）、個別の人事を離れて示すことができるはずである。それが示されれば、その判断基準の妥当性とそれに照らした具体的な人事の妥当性について議論することが可能になる。また、学術会議会員の人事は、普通の公務員の人事とは異なり、学術会議総会における議決を経て正式な候補者になっていることを本人も学術会議の会員全体も承知している。しかも、任命される可能性もされない可能性もある選択肢の中のひとりではなく、推薦されれば任命されるという前提でこれまで手続が行なわれてきているのである。

注目されるのは、内閣法制局の国会における答弁である。法制局も、菅首相が「内閣法制局の了解を経た」と必ずつけ加える「必ず推薦のとおりに任命しなければならないわけではない」という主張は擁護している。しかし、この立場が一九八三年以前から一貫していると言うとき、その前提にあるのは次のような認識である。木村陽一法制局第一部長によれば、文部大臣による国立大学の学長等の人事に関して、当時の教育公務員特例法に基づいて学長の申出に基づいて任命権者（文部大臣）が行なうという構造になっていたが、「憲法二三条で規定されている学問の自由、あるいは伝統的に認められてきた大学の自治と、憲法一五条一項の規定で明らかにされているところの公務員の終局的任命権は国民にあるという国民主権の原理との調整の必要性については累次答弁をしてきております。このような国民主権の原理も踏まえますと、内閣が国民及び国会に対して責任を負えない場合にまで申出のとおりに必ず任命しなければならない義務があるわけではないと一貫して考えてきております。／したがいまして、この昭和五八年の日本学術会議法の一部改正におきましても、これと同様のその考え方に基づいて立案がなされているというふうに考えているところでございます」（一〇月八日、参議院内閣委員会）。また、近藤正春長官は、次のように答弁している。形式的任命とは一〇〇％任命するという意味かと言えば、「法制的には、全く権限のない規定を書くというのはあり得ない」ので、これは否定される。しかし、「いわゆる普通の任命」が「自由な裁量の中で適材適所にいろんな方を任命していく」という「実質的な任命」であるのに対して、「ここの場合にはかなり制限をされておりまして、それが、基づいての推薦によってかなり制約をされて、およそ自由にはできないけれども、限られた中で裁定的拒否ができる形によって任命権というものを完遂していくという形の書き方がこのまさしく基づいて系の条文」である、そして、任命を拒否できるのは「国民に対して責任を負えない場合」である、というのである（一一月五日、参議院予算委員会）。このような理解を前提とすれば、任命を拒否するのであれば「国民に対して責任を負えない場合」に当たることを示さなければならない、ということになろう。憲法一五条一項だけしか口にしない菅首相には、複数の原理の「調整」とか任命権に対する「制約」とかという発想は見られない。近藤長官も結局は総理大臣の判断に委ねるという結論に落ち着いてはいるものの、内閣総理大臣の任命権の性質について、両者のあいだには実は認識の隔たりがある。普通の公務員と同様の人事にかかわるので何も言えないという論理によって任命を拒否した理由の説明を回避する余地は、ここにはないのである。

とすれば、公然と述べることのできない判断基準にもとづいて任命拒否が行なわれた、と考えるほかはない。六名は、安保関連法・特定秘密保護法・共謀罪法などについて批判的な態度を表明しているという点で共通しており、それが任命拒否の理由ではないか、と推測されている。首相は「政府の法案に反対したからということはあり得ない」とこれを否定し、「政府に反対する人というのは、任命された方の中にもたくさんいらっしゃるんじゃないでしょうか」と述べているが（一一月二日、衆議院予算委員会）、任命拒否の基準に当てはまる者の中から選別することもありうるのであるから、右のことが理由とされたことを否定する根拠にはならない。それに代わる説明がない以上、前記の推測が残る。

結局、六名の任命拒否がなぜ行なわれたのか、そして学術会議のあり方の見なおし論へと展開したことをふくめ、どれだけ周到に準備されたものであったのかについては、今のところ証拠にもとづいて断定できる答えはないといわざるをえない。このような状況のもとで可能なのは、任命拒否に至る〈文脈〉を探ることであろう。

官邸による人事支配の学術会議への到達

第一の文脈は、独立性が尊重されるべき機関の人事への実質的関与をつうじて官邸の影響力を強めようとする安倍政権以来の志向が、学術会議にも及んだということである。

第二次安倍政権成立の翌年、二〇一三年八月に、内閣法制局長官には次長を昇格させるという長年の慣行に反し、法制局経験のない外交官が任命された。一四年四月には、国家公務員幹部職員（長官・事務次官・局長・部長等）はあらかじめ総理大臣・官房長官と協議したうえで任免するという人事の一元管理の政策が確立され、それを担う内閣人事局が設置された（二〇一七年八月に杉田官房副長官が局長を兼務）。学術会議の補欠会員人事問題が起こったのと同じ一六年九月には、法務省の人事案を覆し、黒川官房長が法務事務次官に任命されるという出来事が起こった。二〇二〇年まで続く検事総長人事問題の発端である。最高裁の裁判官は憲法によって内閣が任命することとされているが、裁判官出身者については最高裁が候補者を提示するという慣行が続いてきた。これに対して、第二次安倍政権のもとでは、二名の候補を示し、官邸が選択する余地を残すよう求められるようになったといわれる。学術会議に対して求められたのと同様である。また、弁護士出身者については日弁連が推薦名簿を提出するのが慣行となっているが、この推薦名簿にない者が任命され、しかも弁護士資格をもつものの実質的には学者としての経歴の長い者が任命されることによって、最高裁裁判官の出身別のバランスについての慣行も崩されるに至った。

これらは、制度的前提は同じではないとはいえ、長年の慣行を無視してでも政権中枢が人事に対する実質的権限を掌握しようとしたという点で共通している。集団的自衛権についての解釈変更を準備した内閣法制局長官人事や特定の人物を検事総長にしようとした法務・検察人事のように、直接的目的がある場合もあれば、国家公務員幹部人事、最高裁裁判官人事のように、人事による支配の実績を作るねらいと見られる場合もある。

学術会議の存在への〝目覚め〟

第二の、より学術会議の場合に即した文脈は、学者の社会的役割や学術会議の存在についての政権の〝目覚め〟がこの間に生じた、と見られることである。

一九四九年の発足以来、政府における学術会議の位置は変化を遂げてきた。重要な転機となったのは、一九五九年に科学技術会議設置法が制定され、内閣総理大臣の諮問機関として、総理府に科学技術会議が設置されたことである。内閣総理大臣を議長とし、関係閣僚と有識者を議員とする科学技術会議は、科学技術一般に関する基本的かつ総合的な政策の樹立に関すること、科学技術に関する長期的かつ総合的な研究目標の設定に関することなどを諮問事項としていたが、ここで言う「科学技術」は「人文科学のみに係るものを除く」ものとされた。当然、学術会議との関係が問題となる。そこで、「日本学術会議への諮問及び日本学術会議の答申又は勧告に関することのうち重要なものに関して関係行政機関の施策の総合調整を行う必要があると認めるときは、同会議に諮問しなければならず、これに対する答申があったときは、これを尊重しなければならない」とされ、学術会議会長が科学技術会議の構成員として加わることとされた。しかし、科学技術会議の設置により、政府の科学技術政策における学術会議の比重の低下が明確になってゆく。一九九五年に制定された科学技術基本法は「人文科学のみに係るものを除く」という科学技術の定義を受け継ぎ、内閣府設置法にもとづいて二〇〇一年に設置された総合科学技術会議は、内閣総理大臣を議長とし関係閣僚と有識者を構成員とする構成原理を受け継いだ。学術会議会長は「関係する国の行政機関の長」として引き続き構成員となったが、諮問と勧告をつうずる学術会議との関係を定める規定はもはや盛り込まれていない。こうして、総合科学技術会議は主として自然科学に焦点を当てた科学技術政策の「司令塔」とされ、政府にとって学術会議はいっそう周辺的なものになっていた。個々の官庁は審議依頼という形で学術会議に向き合ってきたものの、政府は、学術会議そのもののあり方については後述するように有識者の見解や学術会議の自主改革に委ねてきたのである。この間、学術会議の側でも、総合科学技術会議との関係で自らの位置を再確立することを迫られた。

ところが、第二次安倍政権のもとで、「我が国を取り巻く安全保障環境」の変化と「国際協調主義にもとづく積極的平和主義」をキーワードとする総合政策「国家安全保障戦略について」（二〇一三年一二月）が閣議決定されたのを合図に、日米ガイドライン（二〇一五年四月）が定めることになる定期的な共同訓練・演習や情報共有に備えた特定秘密保護法（二〇一三年一二月）や国外における集団的自衛権の行使に道を拓く安全保障関連法の制定（二〇一五年九月）が一挙に進んだ。このような動きに対して、市民たちとともに、学者たちも立憲デモクラシーの会（二〇一四年四月）、安全保障関連法案に反対する学者の会（二〇一五年六月）を立ち上げ、立憲主義や平和主義の観点から積極的に発言した。二〇一五年六月四日の衆議院憲法審査会において、与党推薦をふくむ三名の参考人（憲法学者）が安保関連法案を違憲とする見解をそろって表明しインパクトを与えたことは、このような学者たちの動きを象徴するものであった。

一方、二〇一四年四月には、武器輸出を原則として禁止する「武器輸出三原則」から容認を前提とする部分的禁止・審査へと転換する「防衛装備移転三原則」が閣議決定され、防衛省は大学や研究機関との連携強化を掲げた「防衛生産・技術基盤戦略」（二〇一四年六月）を定めた。こうして、防衛装備（武器等）の開発が安全保障政策としてだけではなく、産業政策としても位置づけられる中で、二〇一五年度から「安全保障技術研究推進制度」がスタートし、一〇月にはこの制度を運用する防衛装備庁が設置された。ここでは、政府の側がこれまで軍事研究とは一線を画する態度をとってきた大学の方に近づき、壁を取り払おうとしたのである。学術会議が「安全保障と学術に関する検討委員会」を設置したのが二〇一六年五月、安全保障技術研究推進制度への応募状況に大きな影響を与えた「軍事的安全保障研究に関する声明」を発したのが二〇一七年三月である。政権は、その重要政策の前に立ちはだかるかのような学術会議の存在に改めて注目したであろう。実際、一部の与党議員は、任命拒否問題が発生したのち、学術会議がデュアルユースや安全保障研究に対するスタンスを検討項目にふくめることを求め、井上大臣も学術会議自身が考えるべきこととしながらも、同様の問題意識を表明している（一一月一七日、参議院内閣委員会、一二月一日、参議院内閣委員会）。

科学技術政策と人文・社会科学

ところで、第五期科学技術基本計画（二〇一六〜二〇二〇年度）は「国家安全保障上の諸課題への対応」という柱を立て、「我が国の安全保障を巡る環境が一層厳しさを増している中で、国及び国民の安全・安心を確保するためには、我が国の様々な高い技術力の活用が重要である。国家安全保障戦略を踏まえ、国家安全保障上の諸課題に対し、関係府省・産学官連携の下、適切な国際的連携体制の構築も含め必要な技術の研究開発を推進する」と謳っている。安全保障技術研究推進制度は、科学技術政策上の位置づけも与えられたのである。その科学技術政策全体は、「科学技術イノベーション」の推進という方向性を強め、科学技術政策の「司令塔」総合科学技術会議は総合科学技術・イノベーション会議（CSTI）に改称された（二〇一四年四月）。

すでに見たように、科学技術基本計画の根拠となる科学技術基本法は、同法の対象となる科学技術から「人文科学のみに係るものを除く」（一条）としていたため、科学技術政策において人文・社会科学はきわめて周辺的な位置を占めるにとどまっていた。とはいえ、人文・社会科学が主として自然科学を対象とする科学技術政策とまったく無縁であったわけではない。なぜなら、「科学技術イノベーション」推進政策は、大学、独立行政法人研究所（研究独法）、民間企業の役割分担と産官学連携という枠組みのもとで、民間企業では対応できないハイリスク研究、長期的な研究などを、公的資金を活用して実施する役割を期待された大学全体を競争的環境に置くために、グローバルに競争できる研究大学を中心に運営費交付金を戦略的・重点的に配分しつつ競争的資金の比重を高めるなどの措置をつうじて、大きく変えてきたからである。大学は、人文・社会科学分野の研究者の圧倒的多数にとっての研究と教育の場である。「選択と集中」という研究資金政策は、多様性が重視される人文・社会科学にはなじまず、研究者の自由な発意にもとづく科学研究費補助金（科研費）以外の競争的研究資金や寄付金を獲得する道の狭い人文・社会科学には、とくに大きな打撃を与えるものとなってきた。

ところが、人文・社会科学と「科学技術イノベーション」政策とのかかわりは、このような消極的・反射的なものにはとどまらないことが明らかとなってきている。科学技術政策の立案者の認識の中で、イノベーションにおいて人文・社会科学がはたしうる役割への関心が高まってきたからである。二〇〇八年に制定された科学技術・イノベーション創出の活性化に関する法律は、「政府は、科学技術・イノベーション創出の活性化を図る上で人文科学を含むあらゆる分野の科学技術に関する知見を活用することが重要であることに鑑み、人文科学のみに係る科学技術を含む科学技術の活性化及びイノベーションの創出の活性化の在り方について、人文科学の特性を踏まえつつ、試験研究機関等及び研究開発法人の範囲を含め検討を行い、その結果に基づいて必要な措置を講ずるものとする」（四九条）と定めていた。この予告は、二〇二〇年六月に行なわれた科学技術基本法改正によって実現される。この法改正によって、「人文科学のみに係るものを除く」という規定が削除され、人文・社会科学から自然科学までのすべての科学が対象とされることになったのである。これは、二〇一〇年の「勧告」以来、学術会議が繰り返してきた主張の実現という側面をもつ。しかし、この改正の主眼は、「科学技術の振興」と並べて「イノベーション創出の振興」を法の目的に加えることにある。法改正のほとんどはこの点にかかわるものであり、法律の名称も「科学技術・イノベーション基本法」に変わり、計画は「科学技術・イノベーション基本計画」となる。このような展開の中に人文・社会科学も位置づけられ、動員されることになったのである。法改正について検討したCSTIのワーキンググループに内閣府が提出した「科学技術基本法の見直しの方向性について」と題する二〇一九年一〇月の文書は、「人文科学のみに係る科学技術」を追加する必要性を「科学技術政策における観点」と「イノベーション政策における観点」とに分けて説明している。「科学技術政策における観点」では、「基本法制定時と比較し、人文科学の研究対象や研究手法が変容」したとして、「社会のデジタル化、先端技術や定量的手法を利用した分析、大規模化等」が挙げられている。このような人文・社会科学理解は、自然科学と足並みをそろえた「イノベーションへの寄与」と親和性が高い側面を切り取ったものと見てよいであろう。また、「イノベーション政策における観点」では、「入り口」においては「解くべき課題の設定・価値観の創造を行うため」、「出口」においては「社会受容性の確保のため」に人文科学の役割は重要だと述べている（小森田・二〇二〇a）。

こうして、二〇二一年度にスタートする第六期科学技術・イノベーション基本計画では、科学技術・

イノベーション政策が人文・社会科学の「知」と自然科学の「知」の融合による「総合知」によって社会を変革する総合的な政策へ変化することが強調されることになる。そこでめざすべき社会像は、狩猟社会、農耕社会、工業社会、情報社会に次ぐ社会とされ、ビッグデータをＡＩで処理することなどを基礎に、「サイバー空間とフィジカル空間を高度に融合させたシステムにより、経済発展と社会的課題を両立する人間中心の社会」としてのSociety 5.0――その具体化が「スマート・シティ」――という、議論の余地のある概念としてすでに与えられている（「第六期科学技術・イノベーション基本計画について（答申素案）」二〇二一年一月）。

一方、学術会議は「第六期科学技術基本計画に向けての提言」（二〇一九年一〇月）において、次のように述べる。「分野により、地域により、さらに研究者個人により、多種多様な関心や考え方があるのが学術の特徴であり、目前の課題を意識するあまり、研究の内容を画一的な方向性に誘導することは学術の優れた部分を失わせる。蓄積された多様な学術基盤があってはじめて、直近の課題解決も効果的に進めることができる。さらに、現代社会が解決を求める様々な課題に学術が貢献するためには、自然科学と人文・社会科学とが連携し、総合的な知の基盤を形成することも不可欠である」。そのさい、「人間と社会のあり方を相対化し批判的に考察する」点に人文・社会科学の特性があるとする学術会議の従来からの主張が、改めて確認されている。

こうして、「総合（的な）知」の重要性について語りながら、人文・社会科学の役割をどのようにとらえるのかが、今後、議論の焦点となってゆくであろう。例えば、第五期科学技術基本計画は、「倫理的・法制度的・社会的取組」という項目を立て、「科学技術の社会実装に関しては、遺伝子診断、再生医療、ＡＩ等に見られるように、倫理的・法制度的な課題について社会としての意思決定が必要になる事例が増加しつつある。新たな科学技術の社会実装に際しては、国等が、多様なステークホルダー間の公式又は非公式のコミュニケーションの場を設けつつ、倫理的・法制度的・社会的課題について人文社会科学及び自然科学の様々な分野が参画する研究を進め、この成果を踏まえて社会的便益、社会的コスト、意図せざる利用などを予測し、その上で、利害調整を含めた制度的枠組みの構築について検討を行い、必要な措置を講ずる」と述べていた。しかし、人文・社会科学にかつてなく言及している第六期計画の「答申素案」では、逆説的なことに、人文・社会科学に大きな役割が期待されるはずのこのような視点は消え去っている。人文・社会科学を含む総合的な学術の立場からの発言において実績をもつ学術会議は、このような議論における問題提起者としても光が当たってくるはずである。後述するように、自民党ＰＴが、会員に占める人文・社会科学の比率（三分の一）が高すぎると示唆しているのは、偶然ではない。

　これが、〈第二の文脈〉のもうひとつの側面である。

3．学術会議のあり方を見なおす必要はあるのか？

議論の前提

菅首相は、任命拒否についての合理的な説明を回避する一方、学術会議には「国民に理解される活動」を期待する旨の発言を繰り返している（一〇月九日、インタビューほか）。「未来志向」という言葉も好んで用いられている。「未来志向」という言葉は日韓関係についてしばしば用いられるが、日本側がこれを強調する場合は、歴史問題は解決済みであるという立場が含意されている。同じように、菅首相の言う「未来志向」には、任命拒否問題は解決済みであるという主張が暗にふくまれているであろう。この線にそって井上大臣と学術会議との協議というルートが設定され、自民党はＰＴを設置したことは冒頭で述べたとおりである。

一一月はじめ、毎日新聞は、菅政権が学術会議のあり方について見直しを検討していることについては、「適切だ」が五八％で、「適切ではない」の二四％を上回ったという調査結果を示しつつ、「野党は『論点のすり替えだ』と批判するが、学術会議の改革を求める声も強いことがうかがえる」とコメントした（一一月七日）。しかし、この段階では、「学術会議のあり方」とは何をさすのかは明確ではなかった。このような状況のもとで、「改革」という言葉を安易に使い、「改革を求める声も強い」とするのは適切だったであろうか。

現行制度を前提とした活動の改善、その意味での改革は、どのような組織においても常に必要である。一方、現行制度の骨格を改変することをめざして見なおすというのなら、そのような見なおしが必要である理由が示されなければならない。学術会議についていえば、①科学者の内外に対する代表機関であること、②人文・社会科学と自然科学の全分野を包含していること、③主として科学的助言という職務を独立して行う国の機関であること、④コオプテーションという方式で科学者自身が会員候補者を選考していること、などが現行制度の骨格である。

学術会議のあり方を見なおす必要はあるのかという問いについて考える前提として、次のことを確認しておこう。

第一に、学術会議のあり方に問題があるから任命拒否が行なわれたかのような空気が、一部の言説によって作り出されている。このような空気が世論調査にも反映している可能性がある。しかし、学術会議のあり方の見なおしと任命拒否とが関連していることを示す合理的な説明は示されていない。したがって、六名の会員候補者の任命拒否という本来の問題から見れば、あり方の見なおし論は論点ずらしだというのはそのとおりであり、任命拒否が既成事実として放置されることがあってはならない。

それでは、論点ずらしに乗らないために、学術会議のあり方の見なおし論についてはそもそも論じるべきではないのかといえば、そうではないであろう。見なおし論は論点ずらしにすぎないのか、それともそこに本音が現われていると見るかは別として、上記のような世論の動向をふくめてそれがすでに政治的現実となっていることは事実であり、それに向きあうことは避けられない。

第二に、わずか二〜三カ月の議論で、自らの見解を示すにとどまらず、学術会議にも応答を迫るという一方的な態度は、学術会議改革の従来の経緯から見ても、問題に向き合う真摯な態度とはいえない。学術会議が二〇二一年四月の総会後に方針を示すとしたのに対して、当初は年内に方向性を示すとしていた井上大臣がその結果を待つという態度に転じたのは、当然すぎるほど当然であった。井上大臣は、「ゼロベース」で検討することを求めている。しかし、制度を一から設計するのではなく、現在ある制度を見なおすというのであるから、現行制度の成立の経緯と、そのもとでの改革がどのように評価されてきたのかを踏まえることが不可欠である。それを大きく変えようというのなら、立法事実（立法が必要な根拠を示す事実）を示す責任は提案する側にある。

第三に、学術会議のあり方を問いなおすというのであれば、これまで政府が学術会議をはじめとする科学者の助言（専門家の意見）に対してどのような態度をとってきたのかについても合わせて問いなおすのでなければ公正ではなく、生産的でもない。学術会議の任命拒否問題が起こったのは、新型コロナウィルス感染症のパンデミックに直面した日本でも世界でも、科学と政治との関係、科学者と政治家との関係はどのようなものであるべきかという問いが、いのちと暮らしにとっていかに切実なものであるのかを目撃しているさなかのことである。学術会議のあり方を問うということは、このことと無関係ではありえない。

現行制度はどのようにして作られ、評価されてきたのか？

学術会議の現在の姿が作られる発端となったのは、橋本内閣のもとで中央省庁再編などについて検討した行政改革会議である。ひとつひとつの省庁についての再編案を示したその「最終報告」（一九九七年一二月）は、有益であるという意見から廃止して総合科学技術会議に吸収してはどうかという意見まで種々の意見が出された学術会議について、「当面総務省に存置することとするが、今後その在り方について、総合科学技術会議で検討する」と記した。

これに対して学術会議は、内閣府設置法が制定され（一九九九年七月）、それにもとづいてこれから内閣府に総合科学技術会議が設置されようとしていた一九九九年一〇月、「日本学術会議の位置付けに関する見解」（声明）および「日本学術会議の自己改革案について」の見解を公表し、学術会議のあり方について検討するにさいしては、「自己改革を基礎とした位置付けについての見解に、十分な配慮がなされること」を要望した。前者は、総合科学技術会議がトップダウン的な「科学技術政策決定機関」であるのに対して、学術会議はボトムアップ式に全科学者の意見を集約できる特質を生かして「俯瞰的な視点」から学術のあり方について検討する能力をもっていることから、「現在の科学技術会議が日本学術会議と全く性格を異にし、どちらの組織も他方の組織を代替できないのと同様に、総合科学技術会議と日本学術会議は、いずれも他方の組織を代替できない」と主張した。後者は、「現行の日本学術会議法の下で実行可能な改革の具体策」を、組織・運営、説明責任と情報発信及び対外的連携、会員及び研究連絡委員会委員の三点にわたって提示するものであった。

二〇〇一年一月に発足した総合科学技術会議は、「日本学術会議の在り方に関する専門調査会」を設けて審議を行ない、二〇〇三年二月、「日本学術会議の在り方について」の意見を具申した。任命拒否についての説明の中で菅首相が当初使った「総合的、俯瞰的」という言葉は、学術会議は「総合的、俯瞰的な観点から活動することが求められている」というように、この文書の中に出てくるものである。「総合的」とは人文・社会科学をふくむ、「俯瞰的」とは——学術会議自身が強調したように——個別の学問分野を超えた視点から、という明確な意味をもっていた。焦点の設置形態については、「政策提言を政府に対しても制約なく行いうるなど中立性・独立性を確保したり、諸課題に機動的に対応して柔軟に組織や財政上の運営を行っていくためには、理念的には、国の行政組織の一部であるよりも、国から独立した法人格を有する組織であることがよりふさわしいのではないか」ということから、「最終的な理想像としては、国家的な設置根拠と財政基盤の保証を受けた独立の法人とすることが望ましい方向であると考えられる」とした。そのうえで、「一方で、日本学術会議の設置形態の検討に当たっては、我が国社会や科学者コミュニティの状況等に照らして、直ちに法人とすることが適切であるか、なお慎重に検討する必要がある」とし、「当面は国の特別の機関の形態を維持する」とともに必要な法改正を行ない、主体的な改革を進めたうえで、「今回の改革後十年以内に、新たに日本学術会議の在り方を検討するための体制を整備して上記のような評価、検討を客観的に行い、その結果を踏まえ、在り方の検討を行うこととすべきである」と結論づけたのである。

こうして、二〇〇四年に法改正が行なわれ、翌年一〇月からの第二〇期以降、現行制度となっている。十年後の見なおしは、内閣府特命担当大臣（科学技術政策）のもとに置かれた「日本学術会議の新たな展望を考える有識者会議」によって行なわれ、二〇一五年三月、「日本学術会議の今後の展望について」の意見書が提出された。組織形態についての結論は、次のとおりである。

> 日本学術会議は、政府から独立性を保ちつつ、その見解が、政府や社会から一定の重みをもって受け取られるような位置付け、権限をもった組織であることが望ましい。また、日本学術会議の性格が、本質的には事業実施機関ではなく審議機関であることを踏まえると、安定的な運営を行うためには、国の予算措置により財政基盤が確保されることが必要と考えられる。
>
> これらの点を考慮すると、国の機関でありつつ法律上独立性が担保されており、かつ、政府に対して勧告を行う権限を有している現在の制度は、日本学術会議に期待される機能に照らして相応しいものであり、これを変える積極的な理由は見出しにくい。

これが、六年前、第二次安倍政権の時代に出されている評価である。

ちなみに、政府が任命拒否の裏づけとしている一八年一一月文書も、次のように述べている。

> 日本学術会議は、我が国の科学者の内外に対する代表機関として、全ての学術分野の科学者を擁

し、また、職務の独立性が担保されているといった特徴を有しており、幅広い学術分野の科学的知見を動員しつつ課題に関する審議を行って意見を集約し、政府や社会に対してその成果を提示できるところにその意義があるところである。政府や社会から尊重されつつその役割を十分に発揮できるような位置付け及び権限を付与し、安定的な運営を行うために必要な財政基盤を確保する観点から、日本学術会議は、科学に関する重要事項の審議及び研究の連絡に関する事務を所掌し、政府からの諮問に対する答申、政府への勧告等を行う国の行政機関として設置されているところである。

ここにも、学術会議の現在の形に疑問を投げかけるような指摘は見られない。

自民党プロジェクトチームの提言

自民党の「政策決定におけるアカデミアの役割に関する検討プロジェクトチーム（ＰＴ）」は、二〇二〇年一二月一五日、「日本学術会議の改革に向けた提言」を菅首相に提出した（以下、「ＰＴ提言」）。その要点は、以下のとおりである。

①学術会議はこれまで改革の歴史を経てきたものの、政治や政府を通じた「政策のための科学」の機能を十分にはたしているとは言いがたい。

②独立行政法人・特殊法人・公益法人など、法人格をもつ組織形態に変えて、「独立した新たな組織として再出発」すべきである。

③専門分野別の分科会等は廃止し、テーマ別にプロジェクト・ベースで委員会を設置することが望ましい。運営事務は法人の事務局が担うが、会員は法人の構成員とはならず、必要に応じてプロジェクトに参画するという組織形態も考えられる。

④会員の選出方法について、コ・オプテーション方式を引き続き維持する場合は、複数段階での投票や優先順位づけ等、「より透明で厳格な運用」が求められる。また、第三者機関による推薦など会員による推薦以外の道を確保すべきである。選考基準において「政策検討への参加経験」も考慮し、企業・産業界の研究者・実務者からの登用などを検討すべきである。三つの部に各七〇名程度と同数が割り当てられているのは実際の科学者総数の割合（人文・社会科学一一・五％、生命科学一九・九％、理学・工学六八・六％）に比して適切であるかについては、議論の余地がある。

⑤学術会議が独立した組織となった後も、急な自己資金の獲得は困難と考えられることから、「少なくとも当面の間」は運営費交付金等により「基礎的な予算措置」を続ける必要があるが、「政府や民間からの調査委託研究による競争的資金の獲得、会員や各学会からの会費徴収、民間からの寄付等による自主的な財政基盤」を強化すべきである。

⑥おおむね一年以内に具体的制度設計を行ない、すみやかに必要な法改正を行なったのち、第二五期の任期満了時（二〇二三年九月）を目途に新組織として再出発することが望ましい。そのさい、「新組織となる意義を明らかにするためにも、その設置目的や名称といった基本的事項についても、改めて検討される必要がある。」

このような提言をどう考えたらよいであろうか。

第一に、ＰＴ提言は、学術会議の「独立性が尊重されるのは当然」であるが、「独立とは何か、また政治・行政とはどのように連携すべきかが曖昧にされてきた」、したがって「政治や行政からの独立性を正しく定義」する必要がある、という。それでは、ＰＴ提言が政治や行政からの独立性をどう理解しているのかというと、必ずしも明確ではない。明確ではないままに、「独立した法人格を有する組織」として国から分離する、という設置形態についての結論が先行している。

ＰＴ提言は、これによって「現在、政府の内部組織として存在しているにもかかわらず、政府から独立した存在であろうとすることで生じている矛盾が解消される」とする。しかし、「独立した存在であろうとすることで生じている矛盾」とは何を指すのかについての説明はない（学術会議は「独立して職務を行う」と現行法は明記しているが、それについては言及がない）。もしこの「矛盾」が、内閣総理大臣が推薦どおりに会員を任命しないことに学術会議が同意していない（独立した存在であろうとしている！）ことを意味しているのだとすれば、それは「矛盾」ではなく、学術会議がすでに「独立した国の機関」であることの意味を理解せず、これまでの法解釈・運用に反して任命拒否を行なった内閣総理大臣自身が生み出した違法状態を意味するものにほかならない。

前述した総合科学技術会議の意見具申「日本学術会議の在り方について」（二〇〇三年）が、「理念的には、国の行政組織の一部であるよりも、国から独立した法人格を有する組織であることがよりふさわしい」としたのは、「政策提言を政府に対しても制約なく行いうるなど中立性・独立性を確保」するという観点からであった。国会審議においても、一部の野党議員によって「完全に政府から独立した機関」にすることが主張されたが、それは「政府の特別の機関ということになると、言いたいことが一〇〇％本当に言えるのかどうか」という危惧からである（二〇〇四年三月一九日、衆議院文部科学委員会）。しかし、今の問題はそこにはない。今の問題は、国の機関であるにもかかわらず政府の方針に批判的な主張を行なっている（つまり政府から独立した立場を現に堅持している）ことが政権によって問題視されていると見られることにあるのであり、そのことが国から切り離すというＰＴのような主張が生む背景になっていると考えられるのである。同じく国から組織的に独立させると言っても、政府との関係について前提となる認識が正反対の方向を向いていることに注意しなければならない。

第二に、独立性の理解の問題性は、「政策のための科学」論に現われている。すでに述べたように、

「政策のための科学」という考え方は、PT提言も言及しているブダペスト宣言以降、学術会議自身が強調してきたものである。したがって、「政策のための科学」の機能を学術会議に求めること自体に問題があるわけではない。問題は、それが学術会議の独立性と結びつけて理解されているようには見えないことである。繰り返しになるが、「政策のための科学」とは、政府の政策をふくめ所与の政策を無批判に前提とするものではなく、政策そのものを批判的に問いなおすこともふくまれる。科学的助言の「中立性」とは、科学者が政府の立場や所属する組織の利害から独立して科学の立場から判断するということであって、結果として政府の方針・政策を批判することになっても、それと矛盾するものではない。また、ときの政府の政策的要請に拘束されることなく、自ら問題を設定し、審議して発信することも独立性の重要な標識である。

これに対してPT提言の主張は、「科学的実証の領域である科学的判断と、価値判断を含む政策的判断は必ずしも一致しない」とは言うものの、力点は「政治や行政が抱える課題認識、時間軸等を共有し、実現可能な質の高い政策提言を行う」という形で「合理的連携」を図る、という点にある。プロジェクト・ベースの委員会設置、会員の構成や選考基準の見なおし、政府や民間からの調査委託研究による競争的資金の獲得など一連の提案も、このような志向と関連するものとして理解できる。提言が「社会の要請に応えられているかどうかという観点」からの「関連官庁や有識者になどによる多角的な評価制度」（外部レビュアー制度）の導入という提案も同様である。このような方向から浮かび上がってくる「新組織」の姿は、うるさいことを言わず、使い勝手のよい〝シンクタンク機能を備えた諮問機関〟のようなものであり、政府とのあいだで協力関係とともに緊張関係をも保った独立した組織には見えない。

第三に、PT提言は、「新組織」のあり方についてさまざまな注文をつけつつ評価を行ない（第三者機関としての評価委員会が「財務を含め新組織の活動全般について評価・監督し、組織の信頼性、活動の品質等の確保に寄与する」）、その一方で、「少なくとも当面の間」「基礎的な予算措置」を行なうとはいえ、さまざま財源からの資金を動員して「自主的な財政基盤」を強化することを求めている。このような外部からの統制と財政的自助努力とを結びつけた独立法人化のコンセプトは、国立大学法人が直面している困難を思い起こさせる。学術会議がさまざまな期待と注文に応えた活動を行なうためには一〇億円程度という現在の予算を抜本的に拡充する必要があるが、国の機関として国家予算に依存していることがその制約になっていることは事実である。しかし、ＰＴの提言するような法人化が財政的にも豊かで独立した組織を生み出す保証はなく、むしろ「基礎的な予算措置」の規模のいかんによっては、組織としての存立そのものが危うくなりかねない。

第四に、ＰＴ提言は、総合科学技術会議の二〇〇三年提議について、「本ＰＴとしてもその方針に軌《ママ》を一にする」と述べている。そのさい、「設置形態については、欧米諸国のアカデミーのあり方は理想的方向と考えられる」、「国の行政組織の一部であるよりも、国から独立した法人格を有する組織であることがよりふさわしい」という部分のみが引用され、「日本学術会議の設置形態の検討に当たっては、我が国社会や科学者コミュニティの状況等に照らして、直ちに法人とすることが適切であるか、なお慎重に検討する必要がある」という、もうひとつの側面は顧みられていない。提言の最終ヴァージョンでは削除されたものの、案の段階では「ゼロベースで」具体的な制度設計を行なうべきである、とされていた。そのうえでＰＴ提言においては、諸外国のアカデミーが採用しているさまざまな具体的制度が参照されている。しかし、各国のナショナル・アカデミーの形は、それぞれの長い歴史の中で作られてきたものであり、あれこれの要素を随意にピックアップすることによって、機能する「新組織」を構築できるというものではない。欧米諸国と比べて歴史が浅いとはいえ、七〇年を超える歴史、とりわけ二〇〇四年法改正以降の改革の歩みを適切に踏まえることなく、「ゼロベースで」新組織を作ろうとするのは、制度設計のあり方として不適当である。

このような問題性は、「国家認証」という論点に現われている。ＰＴ提言は、新組織について、「国際アカデミーの基準に合致するよう日本を代表するアカデミーであることを認証する何らかの施策を検討する必要がある」とする。しかし、現在の学術会議は「国際アカデミーの基準に合致する」ものとして、すでに国際的なアカデミーによって広く認知されている。そのような実績のある学術会議を事実上解体して生まれる新組織の国家認証を改めて問題にせざるを得ないというところに、提言の破壊的性格が現われていると言えよう。

学術会議「日本学術会議のより良い役割発揮に向けて（中間報告）」

学術会議幹事会は、二〇二〇年一二月一六日、「日本学術会議のより良い役割発揮に向けて（中間報告）」を井上大臣に手交するとともに、公表した。

「中間報告」は、学術会議が一〇月以来、独自に行なってきた見なおしの結果をまとめた「Ⅰ．日本学術会議のよりよい役割発揮に向けた活動の点検と改革案について」と、「国の機関からの切り離しも含めて学術会議の設置形態について自主的に検討してはどうか」という西村大臣の提案を受けた「Ⅱ．日本学術会議のよりよい役割発揮に向けたさらなる検討状況について」という二つの柱からなっている。

Ⅰで指摘されている改善案の要点は、以下のとおりである。

①科学的助言機能の強化：「昨今の科学的助言の中には一部、中長期的視点と俯瞰的視野を欠き、学術分野横断的な審議に十分基づいていると言えないものがあった」ことは否定できないため、科学的助言における「課題の選定、審議と執筆、査読、発出に至る過程において多様な視点や俯瞰的な視野が備わっているかどうかを検証する仕組みの導入」などガバナンスの強化などを行なう。

②対話を通じた情報発信力の強化：「これまでは科学的助言の発出を中心とした一方向性のコミュニケーションに偏り、学協会との連携や、助言内容を周知して浸透を図る努力、社会の意見を聞き取る努力が十分とは言え」ず、「また、それがどのように社会に受け止められ、政策立案に貢献したかのフォローアップが十分でなかった」ため、「学協会の科学者や研究に関わる方々と日本学術会議との対話の機会を拡大すると共に、広く国民に科学の成果を還元する情報発信力を強化し、対話の機会を作り」、「政策等への反映状況のフォローアップに基づいて、科学的助言が政策等に反映されるための仕組みも改革」する。

③会員選考プロセスの透明性の向上：「日本学術会議の独立性を確保しながら、これまで開示されてこなかった会員や連携会員選定の際の基本的な考え方、推薦候補者情報の収集手法、選考各段階における人数や内訳の概要などを開示する」とともに、「選考委員会の透明性向上に向けた様々な取り組み」を検討する。また、「ジェンダーバランスや年齢バランスに加えて、大学や研究機関ではなく産業界などに所属する優れた研究や業績がある会員の増加など所属組織の多様性もさらに充実させるため、幅広い候補者から選定できる方策を模索」する。

④国際活動の強化：日本学術会議の「国際活動やその成果を社会に還元する努力などについて国民・社会への広報などがこれまで十分ではなかった」ので、「国際活動について国民・社会への広報・発信を強化」すると同時に、「日本の学術の成果や日本学術会議の活動・成果の海外に向けた情報発信」も強化する。

⑤事務局機能の強化：「デジタル・トランスフォーメーションの推進による高度な情報化や効率化の推進、デジタル化、広報、データ収集・分析、国際対応などを担える人材」を強化し、「学術会議の専門的調査・審議支援機能を担わせる学術調査員の拡充を図り、これを若手研究者のキャリアパスの一部

として位置づけることも検討」する。

Ⅱでは、井上大臣から「国の機関からの切り離しも含めて学術会議の設置形態について自主的に検討してはどうか」との提案があったのを受け、右のような自ら設定した検討項目に設置形態の問題を加え、「現在までに必要な論点の整理を行い、行政機構から独立させることも含め、想定しうる様々な形態をできるだけ広く検討対象として、日本学術会議に求められる役割をもっとも適切に果たすのにふさわしい設置形態がどのようなものなのかを検討してい」る、としている。

そのうえで、検討するさいの五つの観点が示されている。

第一に、「アカデミーの姿は、その国でどのように学問が生まれ、発展してきたかという歴史と不可分」であり、「日本の場合には、西洋の学術の輸入を契機に政府主導で学術体制が構築され、第二次世界大戦後の歴史的条件のもとで国の機関としての設置が選択され」、それを前提とした制度化が進められている。こうした「わが国独自の歴史的・社会的・制度的条件への配慮が不可欠」である。

第二に、現時点で法改正等を伴う設置形態の見直しを行なうには、単なる状況の変化という一般的な指摘にとどまらず、「法改正を要請する立法事実の明確化」が求められる。

第三に、学術会議の設置形態を検討する際には、「ナショナルアカデミーとして備えるべき以下の五つの要件をすべて満たすことが大前提」である。①学術的に国を代表する機関としての地位、②そのための公的資格の付与、③国家財政支出による安定した財政基盤、④活動面での政府からの独立、⑤会員選考における自主性・独立性。これらは「国際的に広く共有された考え方」である。

第四に、学術会議法および会則に定められた「意思の表出」の権限が適切に維持されるのかどうか、あるいは、法制定時には想定されていなかった科学技術のあり方や科学技術と社会との関係性の変化に適合した、より広範な役割を果たす必要性はないのかという点も、設置形態を検討するさいの重要な論点である。

第五に、科学技術の著しい発展と社会の複雑化の中で、行政にとどまらず立法や司法においてもきわめて高度の科学的知見に基づく科学的助言を必要とする場面が生じている。同時に、広く社会から中立的で客観的な科学的知見の提供を求められる場面の増加も想定される。学術会議は、科学の全ての分野を代表する機関としての役割を拡大し、広く社会に貢献していくのにふさわしい設置形態がどのようなものなのかを改めて考える意義は大きい。

そのうえで「中間報告」は、現行の設置形態はナショナルアカデミーに求められる五要件をすべて満たしているが、「予算執行上の制約による不都合」など「内閣府という行政機構に制度上位置づけられていることによる制約」もある、また、行政にとどまらず立法・司法にも勧告・提言し得るような設置形態がありうるのかどうかも検討対象となりうる、と述べている。独立行政法人など国以外の設置形態についても、右の五要件ををすべて満たす制度設計が可能なのかが論点となる、とされている。

学術会議は、会員・連携会員や協力学術研究団体からの意見も募りながら、検討を続けている。

4. 任命拒否と学問の自由とは関係があるのか？

学問の自由とは無関係か？

任命拒否は、多くの大学人・法律家・文化人・市民などによって、学問の自由の危機として受け止められている。

他方、菅首相によれば、任命拒否は「学問の自由とはまったく関係ない」（一〇月五日のインタビュー）。国会審議においては、会員等が「個人として有している学問の自由」の侵害になるものではない、という言いまわしも特徴的である（三ツ林内閣府副大臣。一〇月七日、衆議院内閣委員会ほか）。学問の自由は大学にかかわるものであることも強調されている。「あくまでも学問の自由というのはやっぱり大学という組織に着目して理解されている」（近藤内閣法制局長官。一一月六日、参議院予算委員会）、というのである。つまり、学術会議は学問の自由とは関係がなく、そこから排除されても個人として研究を行なう自由には影響がない、というわけである。

このような理解は適切であろうか。学問の自由が、これまで主として大学の自治と関連づけて論じられてきたことは事実である。しかし、学術会議はそれとは別の世界であろうか。また、学問とは単なる個人的な営みであろうか。最後にこれらの問題について考えてみたい。

学問の自由の歴史的背景

日本国憲法が思想の自由（一九条）、表現の自由（二一条）とは別に学問の自由（二三条）を定めているのは、世界の憲法の中で必ずしも一般的なことではない。それには、歴史的な背景がある。

学問の自由は、近代以前にはとりわけ宗教権力、近代以降は政治権力からの介入から守る原理として成立した。ヨーロッパでは、一二〜一三世紀に、学問の担い手でもあった教会の外に学問の場として大学が生まれ、次いでルネサンス期以降、大学の外にアカデミーが生まれてくる。アカデミーと呼ばれるものの起源は、学問・芸術と社交とが混在したさまざまな私的な集まりであった。その中から、王権によって保護され社交から分離された学問を担うアカデミーとして制度化されるものがでてくる。ロンドンのロイヤル・ソサエティ（一六六〇年）、パリ王立科学アカデミー（一六六六年）をはじめ、一八世紀までにはヨーロッパ全体で二〇〇以上のアカデミー（またはソサエティ）が作られていた。この過程は、未分化だった学問が諸科学に分化してゆく過程とも重なっている（隠岐・二〇一八）。自然科学では、自然哲学から「科学」が自立し、職業としての「科学者」が成立する。「専門家が集まって情報を共有するための学会や協会が安定した活動を続ける、専門の学術雑誌が定期的に刊行されて知見が蓄積されていく、専門家の人材育成をおこなう教育機関または教育課程が設置される、そこで使われる標準的な教科書が出版されて体系的な教育がおこなわれている」という意味で科学が制度化され、一九世紀の後半までのあいだにアメリカをふくめて各国に自然科学を中心とアカデミーが成立する（佐倉・二〇二〇）。一方、ドイツのような後発国では、国家による「営造物」として大学をとらえたうえで、特権的集団としての大学教授に認められた自由としての学問の自由という観念が生まれてくる。当初は予定調和的なものとされていた国家的発展と学問の自由はやがて緊張関係を帯びることになり、大学が国の営造物であるがゆえの学問に対する管理・介入に対して、国の営造物であるにもかかわらずそこにおける学問的営みの自由が保障されなければならないとする学問の自由の理念が成立する。この理念は、一九世紀半ばのいわゆるフランクフルト憲法における「学問およびその教授は自由である」という規定となって明文化され、一九一九年のヴァイマール憲法に受け継がれることになる（石川・二〇一六）。

国家が帝国大学を設立して学問を先導したという意味において、日本もドイツと同様の系譜に属しており、アメリカ憲法には規定のない学問の自由を明記した日本国憲法の起草過程では、ヴァイマール憲法が参照されている。また、ナチス時代のドイツと同様に、学問の自由が抑圧された直近の経験を踏まえたものであるという点も、歴史的背景という意味で見逃すことができない。とくに、京都帝国大学の瀧川幸辰の著書『刑法講義』と『刑法読本』を内務省が発禁処分にしたのに続いて文部大臣が総長に瀧川の罷免を要求し、総長がこれを拒否したにもかかわらず瀧川の休職処分を強行した瀧川事件（一九三三年）、憲法学の通説であった天皇機関説を唱えた美濃部達吉が貴族院において弾劾され、やがて不敬罪による取り調べを経て、貴族院議員の辞職に追い込まれた天皇機関説事件（一九三五年）が重要である。天皇機関説事件のあとには、全国の大学の憲法学者が思想統制の対象となる（石川・二〇一六）。学問の弾圧は学者と学説の大学からの排除という形をとり、検閲によっては完全に封じ込めることのできない学生が学説に触れる機会を徹底的に奪うことになったのである。翌三六年には二・二六事件が起こり、三七年に日中戦争に突入してゆくという流れの中の出来事であった。

大学とは別の学術機関として一九二〇年に設立された学術研究会議のゆくえも教訓的である。学術研究会議は、第一次世界大戦末期に起こった国際的学術協力の動きへの参加の要請に応えるとともに、国内の研究の連絡統一を促進する組織として、文部省の所管のもとに設立された。「学術研究会議会員ハ学識経験アル者ノ中ヨリ学術研究会議ノ推選ニ基キ文部大臣ノ奏請ニ依リ内閣ニ於テ之ヲ命ス」とされたように、政府からの一定の独立性が認められていた。ところが、しばらくは国際交流を事業の中心としていた科学術研究会議は、日中戦争の開始以降、国家総動員体制の一環として再編の対象となってゆく。その画期となったのは一九四三年である。「科学研究ヲ戦力増強ノ目的ニ集中スル超重点主義」のもとで、大学その他における科学研究を戦争目的のもとに動員するために学術研究会議を強化・活用することが図られ、会員選任についての規定から「学術研究会議ノ推選ニ基キ」という文言が削除されるとともに、会員による互選から内閣任命に変わった会長の権限が強化され、国際学術協力団体としての側面が弱められた。これまであった自然科学系の四つの学術部に、人文・社会科学系の三つの学術部がつけ加えられたが、一九三九年に創設された科学研究費を用いた約二〇〇の「研究班」はもっぱら自然科学分野に設けられた。「学術研究会議ノ推選ニ基キ」という規定は、戦後の一九四六年に復活する。学術会議の「推薦に基づく」会員の任命という学術会議法の規定は、このような経緯を受けたものであった（青木・二〇〇六、佐藤・二〇二〇）。

学問の自由を考える三つの視点

憲法学において、通常、研究の自由、発表の自由、教授の自由からなるとされる学問の自由は、すべての人が享有する思想の自由、表現の自由を土台としながらも、それでは尽くされない意味をもっている。今日、学問の自由の意味について考えるさいには、以上のような歴史的背景を念頭に置きながらも、次のような視点から考えることが必要である。

第一に、学問を学問として成り立たせているのは科学者のコミュニティ（学問共同体）である、ということである。学問的営みと言えるためには、これまでの研究の積み重ねへの敬意、既存の研究に対する批判的態度とみずからに対する批判に開かれた態度にもとづかなければならず、研究成果はそれぞれの学問分野において確立した作法にのっとってまとめられ、公表されたものでなければならない。このような規範を認め合った科学者のコミュニティにおいて絶えず検証されるのが学問であり、そのことによって学問の発展が支えられている。

また、研究の自由を実現するためには、自然科学であれば実験施設、人文・社会科学であれば文献などの研究インフラへのアクセスが不可欠である。発表の自由は発表手段の存在によって保障され、教授の自由は、研究成果を伝達する学生の存在を前提とする。学問の自由を現実に支えているのは、以上のような社会的制度であり、それがどのように機能しているかは、学問の自由の実質を左右する。社会的制度のうち、もっとも基本的なものが大学であるのは言うまでもない。

以上のいずれの観点から見ても、学問の自由を科学者の個人的問題であるかのようにとらえるのは、不適切な理解である。

第二に学問は、その核心である批判の自由が既存の知や秩序と衝突することがあるがゆえに高度の自由の保障を必要とする一方、科学者の社会的責任と切り離すことができない。二〇世紀以降、研究がますます組織的に行なわれ、巨大な資金を必要とするようになると、その供給者、とりわけ国家にどう向かい合うかが問われることになる。科学が社会の中で行なわれていること、とりわけ科学研究の成果がどのように用いられるかについて科学者は目を背けてはならず、責任を持たなければならないという自覚を促したのは、何よりも科学者が戦争に動員された第二次世界大戦の経験であった。「これまでわが国の科学者がとりきたった態度」についての強い反省を表明した学術会議の創立時の宣言や、核兵器の廃絶と科学技術の平和利用を訴えた哲学者ラッセルと物理学者アインシュタインの宣言（一九五五年）に端を発するパグウォッシュ運動はそのことの端的な現われである。科学の発展がもたらした負の側面や地球環境問題に直面して「社会のための科学」のコンセプトを打ち出したブダペスト宣言も、この流れの中にある。このように、自由と責任の両面を表わすのにふさわしいのは、「学問の自律」という概念である。科学者個人と科学者コミュニティの双方が「学問の自律」に立脚することを求められている。軍事的安全保障研究についての学術会議の声明は、学問の自由についてのこのような考え方にもとづくものであった。

第三に、学問の自由が立脚する事実と論理にもとづく批判の精神は、個々の市民と集合体としての社会が、自らをよりよく理解し、賢明な選択を行なうためにも不可欠なものでもある。政治が学問による批判を軽視し、学問自体が批判的精神を失えば、市民社会においても批判的精神が失われる。市民社会において事実と論理が軽視されれば、対話は困難になり、分断が進み、そのことが政治の質に深い刻印を捺すということ、場合によっては民主主義そのものを脅かすということを、われわれは日々目撃している。こうした脈略において、学問の自由をめぐる問題状況は、社会全体にとっての問題でもあると見なければならない。学術会議会員の任命拒否問題を、狭い学者の世界の問題にすぎず、社会全体にとっては縁がないとする見方がもしあるとすれば、そのこと自体を科学者と社会との関係の現状、その一面を示すものとして直視し、克服しなければならないであろう。

学問の自由と学術会議

これまで、学問の自由が主として大学の自治と関係づけてとらえられてきたことは事実である。それでは、学問の自由という観点から見て、学術会議はどのように位置づけられるであろうか。

二〇〇五年六月、学術会議の学術と社会常置委員会が公表した「現代社会における学問の自由」と題する文書は、「学問の自由の古典的意味」とその継承を確認し、現代社会の新しい環境変化にかかわる学問の自由の諸問題をいくつかの領域に即して検討したうえで、次のように述べている。

> 学問の自由は、従来は主として、科学者個人のレベルでの自律、組織的には大学の自治、それも教室や部局（学部・研究所）レベルの自治によって支えられるものと考えられてきた。しかし、現代社会における学問を巡る環境の変化は、その狭い枠を越えて、大学全体としての、あるいは個別

の大学を越えたそのさまざまな連合体のレベルで、さらには大学以外の組織に属する科学者を含めた専門的あるいは複合的な学界（学協会）レベルで、ひいてはあらゆる専門分野を含む全体としての科学者コミュニティとしての自己統治能力の充実を求めているのである。これは一朝一夕に実現できるものではもちろんない。しかしそれは、日本のように、人口の過半が高等教育を受け、学問がかつてないほど大衆の中に活かされるようになった現代社会において、その社会から自由を付託された「学問」の側の責任として要請されているのである。

このように理解すれば、科学者コミュニティの代表として位置付けられた新しい日本学術会議の役割も、その実現のための中心的担い手とならなければならないことが自ずと明らかであろう。そしてそれは、科学者コミュニティが、「科学のための科学（science for science）」にとどまることなく、「社会のための科学（science for society）」を構築していく上で不可欠な課題なのである。

二〇〇八年に制定された「日本学術会議憲章」や二〇一三年に改訂された「科学者の行動規範」は、このような精神にもとづいている。

次頁の**表2**は、大学の自治にかかわる事項を分節化したうえで、日本学術会議と対照させたものである。

大学の基本的機能のひとつは研究である。学術会議は、研究活動そのものを行なう機関ではない。その基本的機能は、社会に対して科学的助言を行なうことである。しかし、提言等の形をとった科学的助言は、会員が学問の自由を享有しつつそれぞれの専門分野で実績をもつ科学者であることを前提に、そのような実績を活かして会員集団として作りあげるものである。その意味で、大学における共同研究と類似した性格をもつと考えることができる。したがって、研究テーマ設定の自由、研究成果の発表の自

表2　科学者コミュニティの二つのかたち

大学		日本学術会議	
科学者コミュニティの多元的な基礎単位のひとつ（「学術の中心」）		科学者コミュニティの代表機関（ナショナル・アカデミー）	
研究	研究者個人による研究テーマの自由な設定（派生的に、研究室単位の研究や共同研究）	科学的助言	会員集団による審議課題の自律的設定（部分的に、諮問・審議依頼）
研究	研究成果の発表の自由	科学的助言	提言等の発表の自由
研究	研究のあり方についての個人と大学の自律	科学的助言	提言等のあり方についての自律
教育	設置基準と認可を踏まえた教員集団による教育プログラムの設定		
教育	教育プログラムにおける役割を踏まえた個々の教員の教授の自由		
人事	**教育プログラムを踏まえた教員集団による分野の設定**	人事	**三部構成を前提とした会員集団による分野の設定**
人事	専門分野の教員集団による自律的選考	人事	**会員集団による自律的選考**
人事	教員集団の自己規律	人事	会員集団の自己規律
運営	**政府・設置者に対する自治**	運営	**政府からの独立**
運営	**構成員の自治**	運営	ボトムアップの運営
財政	**公費、授業料、その他の自己収入**	財政	国費

由、研究のあり方についての自律は、科学的助言についてもそれぞれに対応する内容をもつことになる。科学的助言をめぐる自律は、人事と運営の自律によって支えられている（大学のもうひとつの基本的機能である教育に当たるものは、市民等を対象とするアウトリーチ活動などを別とすれば、学生をもたない学術会議には対応するものはない）。このように見れば、大学と同様に、学術会議もまた学問の自由によって支えられ、また学問の自由を支えるべき社会制度であって、その自律性は憲法二三条による保障のもとにある、と考えることができる（木村・二〇二〇）。

　とはいうものの、大学の自治も、多くの点ですでに揺らいでいることをここで指摘しておかざるをえない（表の**太字部分**）。二〇〇四年に導入された国立大学法人制度のもとで、国立大学は、運営費交付金の漸減と傾斜配分、「自ら稼ぎだす」資金への重心の移動という大学財政の枠組みを前提に、不断の評価にさらされながら、大学の類型化という国が定める方向に沿った改革を「自主的に」行ない続けることを求められている。私立大学においても、国の大学政策の影響を受ける度合いが高まっている。国と大学とのこのような関係は、大学内部においては改革を先導すべき学長への権限の集中および教授会の権限の縮小と結びつき、学長の選考を教員集団の意思から自立させようとする傾向も強まっている。研究は、基本的に個々の教員の自由が保たれている領域である。しかし、自由の内実は、「不断に改革する大学」において進行する多忙化の中で、研究時間の確保や研究資金を調達する可能性によって左右されざるをえない。大学の自治という建前は維持され、統制はソフトな誘導の形をとっている。とはいえ、国に対してものを言いにくい関係が確実に形成され、大学構成員の自治の主体としての意識も揺らいでいる。

このような中で、個々の大学の枠を超え、設置形態の別を超えて、大局的な観点から学術と大学のあり方について発言する可能性をもった学術会議に期待される役割は、むしろ高まっている。学術会議が任命拒否という試練に持ちこたえることの意味は、大学にとっても大きい。

任命拒否のもたらすもの

菅首相による任命拒否は、何をもたらすであろうか?

この事件は、学問の自由と科学者コミュニティの自律という領域において生じた。ここでは、国の機関であること、公務員であること、国費が投じられていることを理由に、にもかかわらず事柄の性質に即して尊重されるべき独立性・自律性が、権力行使の抑制を解き放した政権によって侵害された。しかもそれが、理由を示すことを事実上拒否する形で行なわれた。理由が示されれば、その理由は妥当かをめぐって議論し、争うことができる。それをつうじて、権力行使の限界について了解する可能性も生まれる。しかし、議論の対象となりうるような理由を示さないことは、議論そのものを実質的に封じていることを意味する。政権のこのような態度は、恣意にもとづく統治を歯止めのないままに拡大する可能性を大きくしている。歯止めが失われれば、任命拒否の影響はもともとの領域を超えて学問にかかわる他の問題にも及び、学問以外の領域に波及し、さらには非国家的な領域にも波及する危険を生むことになる。

まず、任命拒否の直接的な影響である。

学術会議にとって任命拒否は、人事の自律性という基本的な存立条件が侵害された、ということを意味する。そのことによって会員構成が歪められ、「総合的、俯瞰的」観点から独立して科学的助言を行なうという基本的な役割をはたす基盤が損なわれている。これが放置され、前例として残れば、拒否されないような候補者を推薦するという自己規制を迫る暗黙の圧力がかかり、学術会議の自律性が根本的に損なわれることになる。また、学術会議はどのようなものであるべきかという問題は、本来、学術会議自身に熟議の機会が保障された、冷静で社会に開かれた議論をつうじて合意が形成されるべきことがらである。しかし、任命拒否は、このような議論が事実上政治的圧力のもとで行なわれるという事態をもたらしている。独立した科学的助言を担うという学術会議の役割が揺らぐならば、政府の政策が科学的に根拠づけられたものであることがますます重要になっているにもかかわらず、科学者の役割が軽んじられ、科学的な知が便宜的・選択的にのみ利用される方向にますます向かうであろう。それは、社会にとって大きな損失である。

任命を拒否された人びとにとっては、学術会議によって「優れた研究又は業績がある科学者」として評価されたにもかかわらず、政治権力によって、科学者として活動する場のひとつに加わる資格を否定され、排除されたことを意味し、それ自体が学問の自由を侵害する不当なことである。とくに、理由が示されていないことは、学問の自由を享有する科学者としての名誉を棄損している。論理的には、「優れた研究又は業績がある科学者であるとは言えない」、または「国民に対して責任をもって任命することのできない理由がほかにある」、と宣言しているに等しいからである。このことは、他の場における科学者としての活動やそこで学ぶ学生たちにも否定的な影響を及ぼしかねない。個人としての学問の自由にかかわるものではないという理解は、きわめて形式的・表面的なものである。

次に、任命拒否の影響は、直接の当事者を超えて波及する。

学問や文化にかかわる領域においては、国の機関であること、国費（公費）が投入されていることを理由とする統制や異論の排除の試みは、さまざまな形をとってすでに姿を現わしている。

二〇一五年四月九日の参議院予算委員会において、次世代の党（当時）の松沢成文議員が次のような質問を行なった。

> 私学とは異なって、国立大学というのはほとんどが国からの運営交付金や補助金で運営されているわけです。私は、国民感情としても、国民の税金で賄われている国立大学なのだから、入学式、卒業式で国旗掲揚、国歌斉唱はある意味で当然だと思っているんじゃないでしょうか。しかも、国立大というのは将来の国家を担うリーダーを育成する機関ですよね。国旗も掲揚せず、国家も斉唱せずでは、国のリーダーとしてのアイデンティティが育まれるんでしょうか。

これに対して安倍首相は、「学習指導要領がある中学そして高校においてはしっかりと実施されている」、大学においても「税金によって賄われているということに鑑みれば、言わば新教育基本法の方針にのっとって正しく実施されるべきではないかと、私はこんな感想を持った」と答弁した。また、「各国立大学に国旗掲揚、国歌斉唱をしっかり実施するよう指導をしてもいいんじゃないですか。これは設置者の意思として伝えるべきではないか」と問われた下村博文文科大臣は、「大学ではこのような学習指導要領のようなものはないということで、入学式、卒業式における国旗や国歌の取扱いについては大学の教育研究活動の一環として行われていることに鑑み、各大学の自主的な判断に委ねられている」のが現状であるが、「文科省としては、国旗掲揚、国歌斉唱、長年の慣行により広く国民の間に定着していること、また平成十一年の八月に国旗及び国歌に関する法律が施行されたことを踏まえて、各大学において適切な対応が取られるよう要請してまいりたい」と答えている（広田・二〇一六）。

二〇一七年一二月一三日、産経新聞が「『徴用工』に注がれる科研費　前文部科学事務次官の前川喜平氏は韓国と同調」という記事において、徴用工問題を研究テーマとする研究者たちが科学研究費補助金を支給されていることなどを指摘した。翌二〇一八年二月二六日、自由民主党の杉田水脈議員は、衆議院予算委員会分科会においてこの記事を取りあげ、「今、慰安婦問題の次に徴用工の問題というのは非常に反日プロパガンダとして世界に情報がばらまかれておりまして、昨年は『軍艦島』というような本当にうそだらけの映画が韓国で公開されまして、そういったことがある中で、そこのところに、日本の科研費の研究で行われている研究の人たちが、その韓国の人たちと手を組んでやっている。／最近は、外務省の方がこういった日本の真実のことを発信するのに前向きな動きになってきているんですけれども、文部科学省の方がこれを後ろから弾を撃っているみたいなものではないか」、「研究したことの結果、正しいことを言うのであれば全然問題ないと思うんですけれども、これは全くのでたらめですよね」として、科研費のあり方を問題にした。科研費という公金を使って「ねつ造」された、「国益」を損なう「反日」的研究が行なわれているという非難は、慰安婦問題を扱った研究グループの研究などに対しても向けられ、訴訟に発展している（「フェミ科研費裁判」）。

記憶に新しいところでは、二〇一九年に起こった「あいちトリエンナーレ」の企画展「表現の不自由展・その後」をめぐる事件がある。慰安婦をモティーフとしたとされる作品などについて抗議が殺到し、展示の一時閉鎖に追い込まれた。ここでも一部の政治家をふくめ、「反日」的な作品に「公金」が用いられたことが問題視され（表現の自由を主張するなら私費で）、文化庁は、申請者による説明の不備を理由に、補助金の全額不交付を決定した（のちに減額して交付）。文化をめぐっては、二〇一六年の文化審議会委員の選考のさいに、杉田官房副長官が政権に批判的な候補者を差し替えるよう指示したのではないか、ということが国会で取り上げられている（二〇二〇年一一月十一日、衆議院内閣委員会）。

任命拒否事件が起こったのち、萩生田文科大臣は、「国立大学法人の申出に基づいて」文部科学大臣が任命することになっている学長の任命について、申出どおりに任命しない選択肢が「あるかと聞かれればないとは言えない、ある可能性は否定できません。ただし、それはあくまでも今申し上げたように、形式的な違法性ですとか、明らかに不適切と客観的に認められる場合を除いてのことでありますので、基本的には、申出を尊重したいと思っています」と述べている（一〇月二三日）。これは従来からの国の立場であり、「形式的な違法性」「明らかに不適切と客観的に認められる場合」という歯止めが一応かかっている。しかし、法構造は学術会議法の場合と同様であり、とくに学長選考手続をめぐって学内が揺れる事例が生じているだけに、目を離すことはできない。学問・文化や大学という領域を離れれば、類似した法構造のもとにあるものとして、「最高裁判所の指名した者の名簿によつて」内閣が任命する下級裁判所裁判官が視野に入ってくる（憲法八〇条一項）。ただしここでは、最高裁側の自己抑制がすでに強く働いていると言うべきかもしれない。

最後に、今日、国家が直接・間接、公式・非公式に社会に規制作用を及ぼす領域には限りがない。したがって、国と民間とを截然と切り分けることはできず、国家的領域における自由な批判の抑圧と排除は非国家的な領域にも浸透してゆく。代表的な例が、学問と同様に多様性と批判的精神が尊重されるべきメディアの世界であり、公共放送と民間放送の別を超えて、政権による圧力にさらされている。私立大学にも国費（助成金）が投じられていることを忘れてはならない。

現在はなお、あれこれの場で、自己規制や忖度によって補完された統制と自由・自律とがせめぎあっている状況にある、と見ることができる。どちらに転ぶか、すでにきわどい局面に来ているのかもしれない。

おわりに

瀧川事件から遡ること二〇年前の一九一三年から一四年にかけて、京都帝国大学において「澤柳事件」と呼ばれる事件が起こった。当時の京都帝大総長・澤柳政太郎が「教学の刷新」と称して理系六名、文系一名、合計七名の教授を罷免しようとした事件である。これに対して、法科大学（法学部）の教授会は教授会の人事権を主張し、抗議の連帯辞職をもって対抗した。結局、奥田文相は法科大学の主張を認め、法科大学の教官は辞職を撤回する一方、澤柳総長は辞任するに至った。大学における教授会の自治を確立するきっかけとなったこの事件では、東京帝大法科大学も、京都帝大の教官たちのたたかいに連帯する姿勢を示した。ところが、瀧川事件では、法学部の全教官が辞表を提出することによって抗議の意思を表明したのに対して、東京帝大法学部は静観する態度をとった。その東京帝大の名誉教授・美濃部達吉を襲ったのが天皇機関説事件である。

憲法学者の石川健治によれば、瀧川事件や天皇機関説事件は、「いまから考えると意外なほど」同時代人の関心を集めていなかった、という。事件は大学外の人びとの共感をほとんど集めておらず、在野の知識人は、特権的な大学教授にかかわる事件を「冷ややかに」見ていた（石川・二〇一六）。「学術会議会員任命拒否事件」は、後世の人びとによってどのように振り返られることになるであろうか。総長の専横を押し返した澤柳事件の再現となるのであろうか、それとも瀧川事件や天皇機関説事件のたどった道を繰り返すことになるのであろうか。

二〇二〇年の事件では、文系理系の別を問わず一〇〇〇を超える学協会が、任命拒否の理由の開示と任命されなかった候補者の任命を求める学術会議の主張を支持し、学問の自由の侵害に対する懸念をにもかかわらず繰り返される歴史――その双方を凝視しなければならないであろう。
表明している。「大学外の人びと」も声をあげている。八十有余年の時間の隔たりと今の事態の新しさ、

最後に、「大学外の人びと」の声のいくつかを見ておくことにしたい（抜粋）。

日本学術会議は、科学が文化国家の基礎であるという確信に立って、行政、産業及び国民生活に科学を反映浸透させることを目的として、政府から独立して職務を行う特別の機関として設立されています。これまでも数多くの勧告や提言などにより社会課題の解決策を示し、各種の政策にも反映させ、科学によって社会を支える支柱的存在を担ってきました。

各種行政機関が主催する審議会や専門家会議とは異なり、真に独立した立場から提言等を行える機関であるという日本学術会議の独立性こそ重要です。

私たちが活動する環境分野においても、気候変動、災害対策、感染症対策、環境教育、エネルギー、国土保全、野生動物管理、生物多様性保全などをテーマにした提言がなされ、科学的根拠をもとに活動する自然保護団体はじめ多くの人々に理論的な拠りどころを示してきました。

このようなことから、政府が日本学術会議に政治介入したことは、日本の健全な自然保護の推進の観点からも見過ごすことができません。

日本自然保護協会・日本野鳥の会・世界自然保護基金ジャパン（二〇二〇年一〇月一三日）

独立性が保たれるべき学術会議の人事に、もしも不当な介入があったとすれば、憲法が保障する「学問の自由」の侵害となります。

日本劇作家協会ほか（二〇二〇年一〇月六日）

今回の案件が、将来的に、学術や芸術への政府の過度の干渉の引き金となり、また表現・言論の

自由への侵害へと発展していくことを私たちは危惧します。

日本消費者連盟（二〇二〇年一〇月六日）

政府の意向に反する研究を行い発言する科学者を学術会議会員という公職から追放という今回の措置は、戦後米国で吹き荒れた赤狩り、マッカーシズムそのものです。民主主義に対する権力の挑戦であり、社会そのものの崩壊を招く暴挙です。

その影響は科学界にとどまりません。次に来るのは市民活動に対する締め付けであり規制の強化であることは容易に想定できます。例えば日本消費者連盟は、憲法を活動の原点に置き、戦争法・共謀罪反対、脱原発、遺伝子組み換えやゲノム編集、新型コロナウイルスワクチンへの疑義表明等々さまざまな国策に疑問を表明し、その撤回を迫る活動を展開しています。日本消費者連盟も獲得している「特定非営利活動法人」は許認可事業であり、内閣総理大臣・都道府県知事の認証を受けなければなりません。今回の日本学術会議への菅政権の行いを見過ごせば、ある日突然「特定非営利活動法人の認証を取り消す」ということになりかねません。政府の意図に反する市民の活動を委縮させ、封じ込める状況が目前に来ているのです。

日本児童文学者協会理事会（二〇二〇年一〇月一五日）

わたしたちの会はまもなく創立75周年を迎えますが、戦前、戦中の時期に、多くの童話作家、詩人たちが、「国家」の要請の下で戦意高揚的な作品を子どもたちに提供していったことへの深い反省のもとに、１９４６年に創立されました。それだけに、今回の事態に対して深い憂慮を覚えます。もちろん文化も学術研究も「聖域」ではなく、そのありかたについて批判があるならば堂々と問題提起をし、論議をすればいいはずです。しかし、時の政権が、今回のような姑息で強権的なやり方で介入することは、結局は学術研究そのものを閉塞化させ、衰退させることにつながりかねません。

現代歌人協会理事長・日本歌人クラブ会長（二〇二〇年一〇月二六日）

短歌の世界でも、昭和15年（1940年）に大日本歌人協会が、国家に協力的でない会員がいると非難されて解散に追い込まれる事件がありました。今であれば、これは日本国憲法21条「集会、結社及び言論、出版その他一切の表現の自由は、これを保障する。検閲は、これをしてはならない。通信の秘密は、これを侵してはならない。」に抵触します。表現者にとって、この条文は、個々の自由な言語表現を保障するとともに、現代歌人協会や日本歌人クラブのような職能機能を含む短歌活動の自由を保障するものでもあります。

くしくも今年は、大日本歌人協会の解散から、80年になります。私たちはこのような過去を忘れず、科学者や芸術家などの文化団体に対する政治の介入に、厳しく抗議しなければならないと考えます。

今回の任命拒否をきっかけにして、政府に逆らう学者や研究者は排除すべきだ、という短絡的な言説も出てきました。ここから、政府に逆らう表現者（歌人を含む）は排除すべきだ、という風潮までは、わずかな距離しかありません。それは、日本ばかりでなく、世界の歴史を振り返れば明らかです。すなわち国の健全な学問や文化の発展を根本から瓦解させるものとなります。

宗教法人「生長の家」（二〇二〇年一〇月一四日）

かつての宗教と政治が未分化の時代には、科学者が発見した真理が、宗教の教えと矛盾するという理由で、〝宗教政治〟によって真理が歪められたという苦い歴史を人類は共有しています。21世紀の今日でも、一部の国では、科学的真理を認めない政治家によって国政が歪められ、多くの国民が犠牲になるという残念な例が散見されます。また、科学的真理を認めない宗教があることも事実です。しかし、その中にあっても、20世紀に多くの悲惨な戦争から学んだはずの日本が、再び国権によって真理探究の動向を操作しようという誤った方向に進むとしたら、私たちは声を上げて反対せざるを得ません。今の時代、科学的真理の探究を操作しようとする政治が、宗教的真理の探究を尊重するなどということはあり得ないと考えるからです。

学術会議会員の任命拒否は何を意味するのか。歴史をふりかえり、想像力を働かせ、多角的に考察することが求められている。それをつうじて、科学者のあり方について、科学と社会との関係について、社会にとっての学問の自由の意味について、考えを深めるときである。

資料

『日本学術会議憲章』（二〇〇八年四月）

科学は人類が共有する学術的な知識と技術の体系であり、科学者の研究活動はこの知的資産の外延的な拡張と内包的な充実・深化に関わっている。この活動を担う科学者は、人類遺産である公共的な知的資産を継承して、その基礎の上に新たな知識の発見や技術の開発によって公共の福祉の増進に寄与するとともに、地球環境と人類社会の調和ある平和的な発展に貢献することを、社会から負託されている存在である。日本学術会議は、日本の科学者コミュニティの代表機関としての法制上の位置付けを受け止め、責任ある研究活動と教育・普及活動の推進に貢献してこの負託に応えるために、以下の義務と責任を自律的に遵守する。

第1項　日本学術会議は、日本の科学者コミュニティを代表する機関として、科学に関する重要事項を審議して実現を図ること、科学に関する研究の拡充と連携を推進して一層の発展を図ることを基本的な任務とする組織であり、この地位と任務に相応しく行動する。

第2項　日本学術会議は、任務の遂行にあたり、人文・社会科学と自然科学の全分野を包摂する組織構造を活用して、普遍的な観点と俯瞰的かつ複眼的な視野の重要性を深く認識して行動する。

第3項　日本学術会議は、科学に基礎づけられた情報と見識ある勧告および見解を、慎重な審議過程を経て対外的に発信して、公共政策と社会制度の在り方に関する社会の選択に寄与する。

第4項　日本学術会議は、市民の豊かな科学的素養と文化的感性の熟成に寄与するとともに、科学の最先端を開拓するための研究活動の促進と、蓄積された成果の利用と普及を任務とし、それを継承する次世代の研究者の育成および女性研究者の参画を促進する。

第5項　日本学術会議は、内外の学協会と主体的に連携して、科学の創造的な発展を目指す国内的・国際的な協同作業の拡大と深化に貢献する。

第6項　日本学術会議は、各国の現在世代を衡平に処遇する観点のみならず、現在世代と将来世代を衡平に処遇する観点をも重視して、人類社会の共有資産としての科学の創造と推進に貢献する。

第7項　日本学術会議は、日本の科学者コミュニティの代表機関として持続的に活動する資格を確保するために、会員及び連携会員の選出に際しては、見識ある行動をとる義務と責任を自発的に受け入れて実行する。日本学術会議のこのような誓約を受けて、会員及び連携会員はこれらの義務と責任の遵守を社会に対して公約する。

科学者の行動規範（改訂版、二〇一三年一月）

科学は、合理と実証を旨として営々と築かれる知識の体系であり、人類が共有するかけがえのない資産でもある。また、科学研究は、人類が未踏の領域に果敢に挑戦して新たな知識を生み出す行為といえる。

一方、科学と科学研究は社会と共に、そして社会のためにある。したがって、科学の自由と科学者の主体的な判断に基づく研究活動は、社会からの信頼と負託を前提として、初めて社会的認知を得る。ここでいう「科学者」とは、所属する機関に関わらず、人文・社会科学から自然科学までを包含するすべての学術分野において、新たな知識を生み出す活動、あるいは科学的な知識の利活用に従事する研究者、専門職業者を意味する。

このような知的活動を担う科学者は、学問の自由の下に、特定の権威や組織の利害から独立して自らの専門的な判断により真理を探究するという権利を享受すると共に、専門家として社会の負託に応える重大な責務を有する。特に、科学活動とその成果が広大で深遠な影響を人類に与える現代において、社会は科学者が常に倫理的な判断と行動を為すことを求めている。また、政策や世論の形成過程で科学が果たすべき役割に対する社会的要請も存在する。

平成二三年三月十一日に発生した東日本大震災及び東京電力福島第一原子力発電所事故は、科学者が真に社会からの信頼と負託に応えてきたかについて反省を迫ると共に、被災地域の復興と日本の再生に向けて科学者が総力をあげて取り組むべき課題を提示した。さらに、科学がその健全な発達・発展によって、より豊かな人間社会の実現に寄与するためには、科学者が社会に対する説明責任を果たし、科学と社会、そして政策立案・決定者との健全な関係の構築と維持に自覚的に参画すると同時に、その行動を自ら厳正に律するための倫理規範を確立する必要がある。科学者の倫理は、社会が科学への理解を示し、対話を求めるための基本的枠組みでもある。

これらの基本的認識の下に、日本学術会議は、科学者個人の自律性に依拠する、すべての学術分野に共通する必要最小限の行動規範を以下のとおり示す。これらの行動規範の遵守は、科学的知識の質を保証するため、そして科学者個人及び科学者コミュニティが社会から信頼と尊敬を得るために不可欠である。

I.　科学者の責務

（科学者の基本的責任）

1　科学者は、自らが生み出す専門知識や技術の質を担保する責任を有し、さらに自らの専門知識、技術、経験を活かして、人類の健康と福祉、社会の安全と安寧、そして地球環境の持続性に貢献するという責任を有する。

（科学者の姿勢）

2　科学者は、常に正直、誠実に判断、行動し、自らの専門知識・能力・技芸の維持向上に努め、科学研究によって生み出される知の正確さや正当性を科学的に示す最善の努力を払う。

（社会の中の科学者）

3　科学者は、科学の自律性が社会からの信頼と負託の上に成り立つことを自覚し、科学・技術と社会・自然環境の関係を広い視野から理解し、適切に行動する。

（社会的期待に応える研究）

4　科学者は、社会が抱く真理の解明や様々な課題の達成へ向けた期待に応える責務を有する。研究環境の整備や研究の実施に供される研究資金の使用にあたっては、そうした広く社会的な期待が存在することを常に自覚する。

（説明と公開）

5　科学者は、自らが携わる研究の意義と役割を公開して積極的に説明し、その研究が人間、社会、環境に及ぼし得る影響や起こし得る変化を評価し、その結果を中立性・客観性をもって公表すると共に、社会との建設的な対話を築くように努める。

（科学研究の利用の両義性）

6　科学者は、自らの研究の成果が、科学者自身の意図に反して、破壊的行為に悪用される可能性もあることを認識し、研究の実施、成果の公表にあたっては、社会に許容される適切な手段と方法を選択する。

Ⅱ．公正な研究

（研究活動）

7　科学者は、自らの研究の立案・計画・申請・実施・報告などの過程において、本規範の趣旨に沿って誠実に行動する。科学者は研究成果を論文などで公表することで、各自が果たした役割に応じて功績の認知を得るとともに責任を負わなければならない。研究・調査データの記録保存や厳正な取扱いを徹底し、ねつ造、改ざん、盗用などの不正行為を為さず、また加担しない。

（研究環境の整備及び教育啓発の徹底）

8　科学者は、責任ある研究の実施と不正行為の防止を可能にする公正な環境の確立・維持も自らの重要な責務であることを自覚し、科学者コミュニティ及び自らの所属組織の研究環境の質的向上、ならびに不正行為抑止の教育啓発に継続的に取り組む。また、これを達成するために社会の理解と協力が得られるよう努める。

（研究対象などへの配慮）

9　科学者は、研究への協力者の人格、人権を尊重し、福利に配慮する。動物などに対しては、真摯な態度でこれを扱う。

（他者との関係）

10　科学者は、他者の成果を適切に批判すると同時に、自らの研究に対する批判には謙虚に耳を傾け、誠実な態度で意見を交える。他者の知的成果などの業績を正当に評価し、名誉や知的財産権を尊重する。また、科学者コミュニティ、特に自らの専門領域における科学者相互の評価に積極的に参加する。

Ⅲ．社会の中の科学

（社会との対話）

11　科学者は、社会と科学者コミュニティとのより良い相互理解のために、市民との対話と交流に積極的に参加する。また、社会の様々な課題の解決と福祉の実現を図るために、政策立案・決定者に対して政策形成に有効な科学的助言の提供に努める。その際、科学者の合意に基づく助言を目指し、意見の相違が存在するときはこれを解り易く説明する。

（科学的助言）

12　科学者は、公共の福祉に資することを目的として研究活動を行い、客観的で科学的な根拠に基づく公正な助言を行う。その際、科学者の発言が世論及び政策形成に対して与える影響の重大さと責任を自覚し、権威を濫用しない。また、科学的助言の質の確保に最大限努め、同時に科学的知見に係る不確実性及び見解の多様性について明確に説明する。

（政策立案・決定者に対する科学的助言）

13　科学者は、政策立案・決定者に対して科学的助言を行う際には、科学的知見が政策形成の過程において十分に尊重されるべきものであるが、政策決定の唯一の判断根拠ではないことを認識する。科学者コミュニティの助言とは異なる政策決定が為された場合、必要に応じて政策立案・決定者に社会への説明を要請する。

Ⅳ．法令の遵守など

（法令の遵守）

14　科学者は、研究の実施、研究費の使用等にあたっては、法令や関係規則を遵守する。

（差別の排除）

15　科学者は、研究・教育・学会活動において、人種、ジェンダー、地位、思想・信条、宗教などによって個人を差別せず、科学的方法に基づき公平に対応して、個人の自由と人格を尊重する。

（利益相反）

16　科学者は、自らの研究、審査、評価、判断、科学的助言などにおいて、個人と組織、あるいは異なる組織間の利益の衝突に十分に注意を払い、公共性に配慮しつつ適切に対応する。

軍事的安全保障研究に関する声明（二〇一七年三月）

日本学術会議が1949年に創設され、1950年に「戦争を目的とする科学の研究は絶対にこれを行わない」旨の声明を、また1967年には同じ文言を含む「軍事目的のための科学研究を行わない声明」を発した背景には、科学者コミュニティの戦争協力への反省と、再び同様の事態が生じることへの懸念があった。近年、再び学術と軍事が接近しつつある中、われわれは、大学等の研究機関における軍事的安全保障研究、すなわち、軍事的な手段による国家の安全保障にかかわる研究が、学問の自由及び学術の健全な発展と緊張関係にあることをここに確認し、上記2つの声明を継承する。

科学者コミュニティが追求すべきは、何よりも学術の健全な発展であり、それを通じて社会からの負託に応えることである。学術研究がとりわけ政治権力によって制約されたり動員されたりすることがあるという歴史的な経験をふまえて、研究の自主性・自律性、そして特に研究成果の公開性が担保されなければならない。しかるに、軍事的安全保障研究では、研究の期間内及び期間後に、研究の方向性や秘密性の保持をめぐって、政府による研究者の活動への介入が強まる懸念がある。

防衛装備庁の「安全保障技術研究推進制度」（2015年度発足）では、将来の装備開発につなげるという明確な目的に沿って公募・審査が行われ、外部の専門家でなく同庁内部の職員が研究中の進捗管理を行うなど、政府による研究への介入が著しく、問題が多い。学術の健全な発展という見地から、むしろ必要なのは、科学者の研究の自主性・自律性、研究成果の公開性が尊重される民生分野の研究資金の一層の充実である。

研究成果は、時に科学者の意図を離れて軍事目的に転用され、攻撃的な目的のためにも使用されうるため、まずは研究の入り口で研究資金の出所等に関する慎重な判断が求められる。大学等の各研究機関は、施設・情報・知的財産等の管理責任を有し、国内外に開かれた自由な研究・教育環境を維持する責任を負うことから、軍事的安全保障研究と見なされる可能性のある研究について、その適切性を目的、方法、応用の妥当性の観点から技術的・倫理的に審査する制度を設けるべきである。学協会等において、それぞれの学術分野の性格に応じて、ガイドライン等を設定することも求められる。

研究の適切性をめぐっては、学術的な蓄積にもとづいて、科学者コミュニティにおいて一定の共通認識が形成される必要があり、個々の科学者はもとより、各研究機関、各分野の学協会、そして科学者コミュニティが社会と共に真摯な議論を続けて行かなければならない。科学者を代表する機関としての日本学術会議は、そうした議論に資する視点と知見を提供すべく、今後も率先して検討を進めて行く。

参考文献

石川健治「天皇機関説事件八〇周年——学問の自由と大学の自治の関係について」広田照幸・石川健治・橋本伸也・山口二郎『学問の自由と大学の危機』岩波書店、二〇一六年
隠岐さや香『文系と理系はなぜ分かれたのか』星海社、二〇一八年
『学術の動向』特集「科学と科学的知識の利用に関する世界宣言（ブダペスト宣言）から二〇年を経て」二〇一九年一月号
木村草太「学問の自律と憲法——日本学術会議会員任命拒否事件に寄せて」『学術の動向』二〇二〇年一一月号
小森田秋夫「軍事研究に関する日本学術会議の２０１７年声明——その意義と残された課題」『15年戦争と日本の医学医療研究会会誌』第一八号二号、二〇一八年
小森田秋夫「科学技術基本法改正案をどう見るか?——人文・社会科学の組み込みと『イノベーション創出の振興』をめぐって」二〇二〇年a univforum.sakura.ne.jp/wordpress/wp-content/uploads/2020/03/opinion20200327komorida.pdf
小森田秋夫「日本学術会議会員の任命拒否を準備した18年11月文書はどのようにして作られたか?」二〇二〇年b univforum.sakura.ne.jp/wordpress/wp-content/uploads/2021/01/komorida202012.pdf
佐藤岩夫「日本学術会議会員任命拒否問題と『学問の自由』——日本学術会議法7条2項『推薦に基づく任命』規定の意義」『法学セミナー』七九二号、二〇二一年
佐倉統『科学とはなにか——新しい科学論、いま必要な三つの視点』講談社、二〇二〇年
島薗進・後藤弘子・杉田敦編『科学不信の時代を問う』合同出版、二〇一六年
日本学術会議幹事会「記者会見資料」scj.go.jp
広田照幸「学問の自由の危機——自由な社会のために」広田照幸・石川健治・橋本伸也・山口二郎『学問の自由と大学の危機』岩波書店、二〇一六年
広渡清吾「日本学術会議と科学者の社会的責任」『科学』二〇二一年一月号a
広渡清吾「科学者コミュニティと科学的助言——日本学術会議をめぐって」『世界』二〇二一年二月号b

学術会議関係の提言類、記者会見資料は、すべてそのウェブサイト（scj.go.jp）で見ることができる。

横書きを縦書きにした関係で、アラビア数字を漢数字に変えたところがある。

小森田秋夫（こもりだ・あきお）
神奈川大学特別招聘教授、東京大学名誉教授。1946年東京都生まれ。東京大学大学院法学政治学研究科博士課程修了。北海道大学法学部教授、東京大学社会科学研究所教授、神奈川大学法学部教授を歴任。日本学術会議連携会員、元日本学術会議会員・第一部長。専門は、比較法学、ポーランド法・ロシア法。
著書に、『体制転換と法――ポーランドの道の検証』（有信堂）、『ロシアの陪審裁判』（東洋書店）、『ソビエト裁判紀行』（ナウカ）、『現代ロシア法』（編、東京大学出版会）ほか。

カバー写真：会見を行う菅総理１（首相官邸ホームページ）
（https://www.kantei.go.jp/jp/99_suga/actions/202101/13kaiken.html）を加工して作成

日本学術会議会員の任命拒否――何が問題か

2021年3月25日　初版第1刷発行

著者――――小森田秋夫
発行者―――平田　勝
発行――――花伝社
発売――――共栄書房
〒101-0065　東京都千代田区西神田2-5-11 出版輸送ビル2F
電話　03-3263-3813
FAX　03-3239-8272
E-mail　info@kadensha.net
URL　http://www.kadensha.net
振替　00140-6-59661
装幀――――黒瀬章夫（ナカグログラフ）
印刷・製本――中央精版印刷株式会社

ISBN978-4-7634-0958-4　C0036